APPEL URGENT AU CŒUR DE LA PANDÉMIE DE 2020

Cela fait une dizaine d'années que notre équipe travaille sur la lutte contre l'épuisement des humains et sur les rebonds individuels après les échecs et les blessures. En 2018, nous avons introduit le concept de Qualité de Vie Globale[1] pour insister sur le fait que la Qualité de Vie au Travail ne suffit pas. Sans tenir compte de la Santé et de la Qualité de Vie Hors Travail, l'épanouissement dans la vie, osons dire le bonheur, paraît plus difficile à atteindre.

Début 2020, l'intrusion du coronavirus a poussé le monde entier à réapprendre les gestes barrière pour une protection individuelle et collective. La santé redevient centrale dans nos préoccupations quotidiennes. Les pays qui n'ont pas assez investi dans leurs hôpitaux ont bien des regrets et des défis opérationnels.

Nous avons compris que le danger guettait d'abord les anciens et les personnes immunodéprimées par des maladies préexistantes. Malgré le flot de nouvelles morbides déversées par les médias, nous essayons de ne pas oublier qu'une très grande majorité des malades guérit.

Mais ce virus est vicieux. Nous sommes trop peu conscients que les gestes barrières ne suffisent pas. Fatigué, stressé, isolé, l'être humain voit ses capacités immunitaires diminuées. Il est plus fragile face à tout type de virus. Ce sont des connaissances scientifiques avérées depuis des décennies. Il ne fait pas bon être en mauvaise santé quand un virus dangereux rôde dans les parages.

Le Docteur Li Wenliang avait trente-trois ans quand il est mort du coronavirus le 7 février 2020 à Wuhan en Chine. Il était jeune. Il n'avait apparemment pas d'autre maladie. Il était épuisé par son travail de médecin en pleine crise. Il était stressé et isolé par les ennuis politiques découlant de ses initiatives de lanceur d'alerte sur les réseaux sociaux.

---

1 #QVG = Santé + QVT + QVHT

Dans tous les pays du monde, les personnes précarisées qui ont du mal à subsister chaque fin de mois, les individus isolés qui ont peu de contacts sociaux, et tous les épuisés qui travaillent trop, avec des vies globalement complexes et des manques de sommeil, sont plus en danger face au virus.

L'itinéraire de réaction et de rebond que nous avons conçu au fil des années s'enrichit désormais de facteurs clés pour optimiser nos capacités immunitaires.

Il est urgent d'intégrer tout ou partie de ces facteurs clés au cœur de nos vies. Après plus de trois mois d'une crise qui est loin d'être terminée, nous constatons déjà combien cette pandémie fatigue les professionnels au travail ou en recherche de travail. Cette fatigue, c'est la même que celle que nous constatons depuis dix ans chez tous ceux qui ont besoin de rebondir après un échec, une blessure, une maladie, un deuil…

La lutte contre l'épuisement des humains est une cause de santé publique et de salut économique. La planète ne pourra retrouver un équilibre viable que grâce à une quantité suffisante d'humains en bonne santé physique et psychologique. Cette planète a besoin de forces vives pour relever les défis multiples qui se présentent à elle.

TABLE DES MATIÈRES

Avant-propos 7

Note sur les genres 12

1. Regardez les crises et les échecs comme des étapes normales de la vie 13
2. Entretenez le plaisir de dormir et combattez l'épuisement 16
3. Ne travaillez pas sans arrêt : faites une pause d'un jour par semaine et de deux semaines tous les six mois 22
4. Ne restez jamais seul 26
5. Maintenez impérativement vos activités de troisième vie 28
6. Faites attention à votre corps : les transitions exigent notamment un suivi médical 35
7. Découvrez la salutogénèse et ne pensez pas qu'aux maladies 40
8. Faites de l'exercice physique au moins trois fois trente minutes par semaine 43
9. Hydratez-vous et nourrissez-vous sainement 46
10. Veillez à vous priver de plaisirs addictifs au moins une journée d'affilée 49
11. Mettez votre cerveau en pause numérique plusieurs fois par jour 52
12. Prenez davantage conscience de l'importance de votre respiration 56
13. Faites attention à votre image 58
14. Soyez très vigilant sur les messages de votre environnement proche 61
15. Auto-diagnostiquez les signes de déprime 64
16. Ne considérez pas des médicaments appropriés comme un tabou 67
17. Méfiez-vous des risques de paranoïa 71
18. Sachez vous excuser vite dans de nombreuses circonstances 74

19. Développez votre capacité à vous projeter 77
20. Informez-vous à froid sur les bonnes méthodes de gestion des difficultés 81
21. Ne vous attachez pas trop à des éléments matériels 86
22. Vivez toujours avec des alternatives professionnelles et personnelles 89
23. Identifiez votre niveau de résilience 93
24. Identifiez les signes du basculement dans une situation d'échec inéluctable 97
25. Modifiez votre grille d'analyse des parties prenantes 99
26. Cloisonnez la vie professionnelle et la vie personnelle 102
27. Méfiez-vous de l'escalade de votre engagement 105
28. Prenez garde au trou sans fond 108
29. Dans les séparations humaines forcées, faites-vous accompagner 110
30. Recherchez des petites victoires 113
31. Donnez-vous régulièrement des occasions de rire et de faire la fête 117
32. Réévaluez régulièrement vos motivations pour déterminer si vous avez encore envie de votre vie actuelle 119
33. Si l'échec est définitif, faites un travail actif de digestion 122
Postface 126

ANNEXE 1 : version courte des trente-trois facteurs clés de succès pour les périodes de transitions 132
ANNEXE 2 : faillite, burn-out, thèse, CREDIR et Mandela 134
ANNEXE 3 : les travaux de recherche et de publication des équipes du CREDIR 138

Remerciements 142

AVANT- PROPOS

Avec ces trente-trois facteurs clés, le but est de mieux vous armer pour affronter les suites d'une crise globale, comme la pandémie de 2020, ou les lendemains d'autres évènements négatifs qui impactent des groupes d'humains en profondeur, comme des catastrophes naturelles.

Ces trente-trois facteurs clés sont également destinés aux personnes qui traversent une période individuellement douloureuse, comme une perte d'emploi, une maladie grave, une séparation, un deuil, un échec, ou toute transition majeure dans la vie professionnelle ou personnelle.

Ces facteurs s'adressent à des individus qui ont besoin de remonter la pente après des déconvenues importantes. Les personnes qui ont vécu un stress traumatique profond (accident, témoin d'une mort brutale ou d'un acte de terrorisme, violences physiques, etc.) pourront y trouver des informations utiles, mais la lecture de ce livre devrait être précédée de rencontres avec des thérapeutes spécialisés dans la prise en charge des suites de ces évènements.

À quarante-cinq ans, en juin 2008, un burn-out sévère a interrompu pour de longs mois mon parcours de cadre dirigeant. Ce fut comme un Accident Vasculaire Cérébral : une fatigue intense pendant six mois et près de vingt-quatre mois d'incapacité à mémoriser de nouvelles données, comme des noms d'interlocuteurs ou des chiffres d'entreprises. Quatre ans après, en juin 2012, après environ quatre cents jours de travail, j'ai soutenu une thèse EDBA[1] à l'Université Paris Dauphine. Le titre de cette thèse était plutôt original pour un travail académique : « à la recherche des facteurs clés de succès dans l'échec »[2]. Ces années de recherche auprès d'une population de managers d'entreprises en difficulté avaient en effet montré que pendant ou après une période perçue comme un échec de la vie, on peut mener des réflexions et des actions qui permettent de rebondir plus efficacement.

Depuis lors, ma vocation principale est d'accompagner des personnes

1 Executive Doctorate in Business Administration

2 Budin, J.-D. (2012). A la recherche des facteurs clés de succès dans l'échec : Les histoires méconnues des chefs d'entreprise en difficulté. La Compagnie Littéraire-Brédys.

qui souhaitent rebondir après des difficultés professionnelles ou personnelles. J'ai la chance de ne pas exercer ce métier seul, mais avec une équipe d'experts interdisciplinaires qui s'élargit régulièrement au sein du CREDIR, une Organisation Non Gouvernementale que nous avons fondée en 2013[3].

La lecture des cinq cent vingt pages de cette thèse nécessitait un investissement de temps important, même si, pour quelques lecteurs, « elle se lisait comme un roman ». Pour la rendre accessible à un public plus large, un extrait avait été autopublié en 2014[4]. Ce petit livre a été fourni aux personnes venues se reconstruire pendant un stage de trois jours au CREDIR. Il a également été acquis à l'occasion de conférences, de salons, ou directement sur des sites internet de vente en ligne. Il comprenait vingt-trois petits chapitres correspondant aux vingt-trois facteurs clés de succès issus d'une section de ma thèse. Ces facteurs sont souvent repris dans des conférences ou des formations dispensées par des intervenants du CREDIR.

Les remarques de certains lecteurs connus ou inconnus nous ont souvent étonnés. Ce petit ouvrage aurait fortement impacté leur vie ou serait devenu un livre de chevet. Le nombre vingt-trois semble gravé dans leurs mémoires. Certains stagiaires ou auditeurs de conférences ont mémorisé la quasi-totalité de ces facteurs. Ce fut vraiment inattendu...

Sept ans ont passé. 2020 nous confronte à un évènement que nous n'avons jamais vécu : une pandémie mondiale.

Le travail d'accompagnement de professionnels d'entreprises que le CREDIR effectue depuis le début de cette pandémie permet de détecter les complexités et souffrances, petites et grandes, qui occupent la vie des confinés, télétravailleurs et, plus largement, d'une population. Les études scientifiques de populations confinées dans le passé montrent combien une sortie de crise est complexe pour des individus qui ne sont plus au sommet de leur forme physique et/ou psychologique. D'autres études montrent combien il est important de mener une vie qui préserve les défenses immunitaires quand des virus rôdent.

---

3 www.credir.org

4 Budin, J.-D. (2015). Credir Invictus. Croire à l'invincibilité : vingt-trois facteurs clés pour rebondir maintenant. La Compagnie Littéraire-Brédys

Cela nous a donc donné l'idée de produire une nouvelle version de ces facteurs clés.

Au fil des années qui viennent de s'écouler, les rencontres ont été nombreuses, aussi bien avec des personnes à aider, qu'avec de nouveaux experts, comme des médecins spécialistes du sommeil, de l'épuisement, de l'usure opérationnelle ou du confinement.

Ces vingt-trois facteurs clés sont repris dans ce livre. Ils n'ont pas vieilli, sans doute parce qu'ils étaient assis sur un travail de recherche scientifique approfondi. Nous en ajoutons une dizaine, souvent liés à la santé. Ils sont notamment issus des ateliers que l'équipe médicale du CREDIR a contribué à préparer pour mieux accompagner les professionnels impactés par la pandémie de 2020.

À l'heure où cette introduction est écrite, il est clair que les suites de cette pandémie vont être aussi bien médicales, avec la course vers un vaccin et vers des traitements, que socio-économiques avec une crise majeure et mondiale. C'est un marathon que nous allons tous devoir courir. Nous devrons nous protéger du virus avec des gestes barrière, mais aussi avec une optimisation de notre hygiène de vie pour protéger nos capacités immunitaires. Nous aurons besoin de retrouver le bien-être personnel antérieur. Nous ne pourrons ignorer les appels de ceux qu'il faudra soutenir parce qu'ils seront très durement impactés par la crise économique et sociale.

Chaque lecteur trouvera probablement dans l'un ou l'autre de ces facteurs clés des pistes pour mieux affronter cette période postpandémique, ou pour traverser n'importe quelle tranche de vie quand il faut avoir de l'énergie et des bonnes pratiques pour rebondir après une déconvenue majeure.

Ce livre est un manuel simple fondé sur un vécu individuel et des milliers d'heures d'écoute d'expériences de vies. De fait, il contient peu de références bibliographiques. Après des centaines de conférences auprès de publics divers, dont des médecins, il serait possible de donner des sources scientifiques ou des exemples concrets pour justifier l'essentiel de ce qui est écrit. Des références sont davantage disponibles dans les autres livres que nous avons publiés. Les questions sont les bienvenues si vous souhaitez des éclaircissements ou des justifications[5].

Ces trente-trois facteurs clés se succèdent dans une progression logique, à dessein sans regroupement par thèmes. Chacun des trente-trois chapitres peut être lu séparément.

Ce nombre de trente-trois n'est sans doute pas le fait du hasard. Nous aurions pu opter pour trente-deux ou trente-quatre facteurs clés, mais le nombre trente-trois agissait comme un aimant. Comprendre ces attirances fait partie des expertises de l'équipe du CREDIR en matière de recherche qualitative. Après des décennies d'archivages quotidiens dans un cerveau humain, l'attirance, non conscientisée, pour un mot, une odeur, un mets, est souvent liée à des évènements du passé, fréquemment des jeunes années. C'est passionnant de rechercher comment notre mémoire s'est stratifiée. C'est un exercice que nous faisons souvent pendant les récits de vie que nous recueillons.

Trente-trois ? En ces temps de pandémie où les médias nous décomptent des morts tous les jours, parfois trop jeunes, cela pourrait être une connexion à l'âge du Christ quand il a été crucifié. C'est sans doute, pour un enfant chrétien, la première image perçue d'un humain trop jeune pour mourir. Mais Jésus de Nazareth n'avait sans doute pas exactement trente-trois ans, compte tenu des incertitudes de l'état civil dans un territoire occupé il y a vingt siècles.

Trente-trois ? Comment vadrouille la mémoire ?

Je dois avouer, mais ce n'est guère une faute, mon affection pour les films de Louis de Funès. Cinquante ans après, ils auraient d'ailleurs été les plus regardés en France en ces temps de pandémie. Au-delà de l'admiration pour le jeu d'acteur, pour les dialogues mémorables, ou pour les fous rires irrésistibles, les thèmes abordés ont marqué en profondeur une génération comme la mienne. *Rabbi Jacob* a ancré une vraie pratique de tolérance interreligieuse chez un enfant de dix ans, dans un contexte historique certes un peu différent de celui d'aujourd'hui. *L'Aile ou la Cuisse* a inculqué un refus de la malbouffe à la Jacques Borel, alias Tricatel dans le film, et un amour des bonnes tables.

5 jd.budin@credir.org

Et *La Grande Vadrouille*, ce sont autant d'images de cette belle France qui combat l'oppression sans oublier de sourire. Au « Dites trente-trois » de la religieuse médecin-chef sévère, l'acteur britannique Terry Thomas, alias « Big Moustache », lui répond un fameux « thirty three », dans son box de cette salle magnifique des Hospices de Beaune.

« Dites trente-trois », c'est ainsi que les médecins francophones, avant le stéthoscope, écoutaient ou sentaient la transmission des vibrations vocales pour évaluer l'état des poumons. Le nombre « trente-trois » fonde donc un titre de circonstance face à ce virus qui attaque notamment les poumons.

Que ce titre soit un signe que le sourire succède souvent à la tristesse ou à la mélancolie et que le rebond vient après l'échec ou la blessure.

NOTE SUR LES GENRES

Ce livre se veut simple et accessible.

Il ne comportera pas une liste initiale de personnes citées pour la gratitude de l'auteur. Elles se connaissent et connaissent leur grand rôle dans ces lignes, qui sera rappelé à la fin de l'ouvrage.

Ce livre ne comportera pas non plus de recours à une écriture inclusive, plus respectueuse du genre féminin, mais un peu complexe pour le rédacteur et le lecteur. L'usage des genres correspond d'abord à la grammaire de langues séculaires. En langue allemande, le mot fille est neutre et le mot mère est féminin, alors que fils et père sont masculins. Cela ne semble pas traduire une réalité biologique ou sociale.

Ce non-usage de l'écriture inclusive donne l'occasion de témoigner à toutes les mères de famille une grande admiration face à la complexité de leurs vies professionnelles. Même avec les meilleures exigences en termes d'égalité professionnelle, la vie est plus complexe pour elles : difficultés de réintégration sur le lieu de travail après un congé maternité, inégalités dans les déroulements de carrière, complexités et surcharges dans les situations de télétravail ou de séparations, épuisement récurrent, etc. À travers des milliers d'heures d'écoute de professionnels au travail ou en recherche de travail, certains mâles alpha de notre équipe ont progressé dans la compréhension des problèmes d'égalité femmes hommes, en tout cas davantage que via l'écriture inclusive...

Merci à tous ceux qui accompagnent mon trajet dans l'existence. Ce n'est pas un long fleuve tranquille. Changement et remise en question sont mon quotidien. C'est un trajet qui s'inscrit dans un engagement face au temps qui passe. La vieillesse commencera le jour où je penserai que cela ne sert plus à rien de changer.

Ce livre est un guide pour la recherche d'une meilleure qualité de vie globale, notamment quand les vents paraissent contraires. Il est fondé aussi bien sur des travaux de recherche scientifique que sur une collection d'expériences entendues et vécues.

Bonne lecture et bons rebonds.

Clé 1

REGARDEZ LES CRISES ET LES ÉCHECS COMME DES ÉTAPES NORMALES DE LA VIE

Cela fait partie de leur métier d'échouer ou de se blesser, mais ils préfèrent naturellement gagner. Parfois ils sont responsables de leurs échecs ou de leurs blessures parce qu'ils ont négligé leur hygiène de vie, ou parce qu'ils se sont mal préparés. Mais il arrive que leur responsabilité ne soit pas engagée et que des mois ou des années de travail soient ruinés par une cause indépendante de leur volonté.

Ils font souvent notre admiration, mais nous oublions parfois d'imaginer leur quotidien quand ils ne gagnent pas. Pourtant c'est dans l'organisation de ce quotidien que ceux qui réussissent leur carrière vont puiser la force de rebondir.

Avez-vous deviné que nous parlons ici des sportifs professionnels ? Pour eux les transitions et les échecs sont des étapes normales de la vie.

Mais revenons à vous, à nous…

Depuis votre plus jeune âge, ce que vous accomplissez est évalué. C'est bien ou c'est mal. C'est au-dessus ou en dessous de la moyenne. Votre comportement est normal ou anormal.

Ces processus d'évaluation sont plus ou moins bien appréciés par l'individu concerné. S'ils viennent de personnes bienveillantes et pédagogues, ils nourrissent les apprentissages. Mais qui n'a pas vécu au moins une fois une évaluation négative comme une expérience émotionnellement très désagréable ?

Ces réflexes d'évaluation sont acquis et profondément ancrés, au même titre que les principes d'alimentation découlant de la culture ou du lieu de naissance.

Ces processus d'évaluation irriguent aussi les organisations dans lesquelles vous êtes actifs, que ce soient des entreprises à but lucratif, des services publics, des associations, des groupes d'amis, des relations amoureuses, ou des familles. Vous avez l'impression d'être regardé, voire surveillé : vous réussissez ou vous échouez dans ce que vous entreprenez.

Alors que l'alternance de succès et d'échecs paraît être une loi statistique, certaines de ces structures ont installé une culture du succès obligatoire et de culpabilisation de l'échec. Dans les organisations, l'échec est souvent synonyme d'exclusion ou de disparition. Dans les relations interpersonnelles, par exemple dans les couples, l'échec est inscrit dans le vocabulaire : « une union a échoué ».

Cette culture du succès se combine aux bons et mauvais souvenirs des évaluations dans un contexte éducatif. Une remarque négative dans le cadre professionnel ou dans un couple va parfois générer une souffrance sans commune mesure avec l'origine de la difficulté. Certains décriront des caractères susceptibles. Ce serait inné... Mais on oublie souvent de remettre en perspective ce qui a été vécu dans la jeunesse lors d'un échec accompagné de remarques tellement blessantes d'un parent ou d'un enseignant. Il y a beaucoup d'acquis.

Même cinquante ans après, une remarque pourtant fleurie laisse toujours des traces d'injustice : « ma fille, tu ne seras jamais bonne qu'à torcher le cul des vaches ». Elle venait d'un père qui avait réussi une école d'ingénieurs, mais qui n'avait pas oublié son milieu modeste. Il était excédé par une nouvelle faute de calcul de sa cadette. La violence, jamais physique chez lui, s'était traduite en mots qui peuvent laisser des traces pendant des décennies.

Nos rencontres avec des professionnels en situation d'échec ont produit des enseignements très riches et utiles pour que ces trajectoires d'échec soient mieux vécues. Mais il est toujours difficile de démarrer une conférence ou une discussion sur l'échec. Il est souvent nécessaire de transformer les expressions pour éviter le mot d'échec. Les rares universitaires qui travaillent sur l'échec en entreprise[6] ont beaucoup de difficultés pour organiser des cours destinés à mieux préparer les étudiants à la vie pro-

---

6 Dean Shepperd, Professeur à l'Université d'Indiana aux Etats-Unis, ou Julien Cusin, Professeur à l'Institut d'Administration des Entreprises de Bordeaux.

fessionnelle qui les attend. L'échec n'est pas à la mode quand on forme de futurs responsables d'organisations. C'est bien dommage.

Nos vies s'apparentent à des carrières de sportifs professionnels. Elles ne sont pas des successions ininterrompues de victoires et de parties gagnées. Des problèmes de santé, des blessures psychologiques ou des crises indépendantes de notre volonté, comme cette pandémie, vont régulièrement constituer des freins à la performance en vue du succès. Et statistiquement, surtout si on relève régulièrement des défis, des échecs vont s'intercaler.

La portée de ces facteurs clés dans l'échec peut être étendue au concept de transition. Ceci permet de prévenir les blocages psychologiques par rapport à la notion d'échec. En parlant de transition, il est plus facile de faire de la prévention. Une personne s'identifiera plus facilement à une phase de transition qui n'a pas encore donné lieu à un échec.

La transition consiste à aller vers une situation nouvelle, personnelle ou professionnelle, qui comporte une part importante d'inconnu. Elle va vous faire quitter votre zone de confort. Comme vous êtes confronté à quelque chose de nouveau, vous percevez que le risque de ne pas réussir est plus important que dans votre quotidien précédent.

Que vous ayez choisi ou que vous subissiez cette transition, envisager l'échec en le dédramatisant va vous permettre de mieux vivre la transition. Et si vous l'évoquez ouvertement comme une possibilité, le regard des autres sera probablement plus bienveillant quand ils seront les témoins d'un véritable échec.

En revanche, si vous affirmez haut et fort que vous ne pouvez que réussir, ou si vos proches comprennent que l'échec serait intolérable, vous vous enlevez un degré de liberté important dans le déroulement des évènements.

Vous avez tout intérêt à considérer les échecs comme des options dans toute phase de transition et à les supporter émotionnellement. Comme nous sommes des êtres mortels, nous passons nos vies à subir le départ de proches plus âgés, voire de personnes qui n'ont pas vraiment l'âge de mourir. Nous devons savoir faire le deuil. Il en est de même pour des projets, pour des relations humaines, ou pour des entreprises. Kodak, une marque de notre quotidien, a disparu avec la révolution du numérique. Le petit restaurant que vous aimiez, avec un petit nombre de tables bien tassées dans une salle ancienne, ne va pas survivre aux nouveaux principes de distanciation sociale liés à la pandémie. Mais le restaurant voisin va survivre, sans doute parce qu'il n'était pas endetté et qu'il va maintenir son chiffre d'affaires par une hausse du panier moyen, par de la vente à emporter et par une plus grande fréquentation liée à la fermeture d'un ou deux de ses concurrents.

Ne cherchez pas la faute, ne vivez pas dans le passé, acceptez la nouvelle donne, agissez pour que la transition ne conduise pas à l'échec, mais programmez dès maintenant le rebond, au cas où...

Clé 2

ENTRETENEZ LE PLAISIR DE DORMIR ET COMBATTEZ L'ÉPUISEMENT

Huit professionnels sur dix auraient des problèmes de sommeil ponctuels ou récurrents[7]. Entre ces longs moments frustrants à vouloir dormir sans y parvenir, et la mise en avant d'un modèle de leaders politiques ou économiques qui ne perdraient que peu de temps à dormir, notre lit est souvent devenu un lieu de craintes d'insomnie, voire de pertes de temps. Mais l'épuisement récurrent est l'ennemi à abattre. Ce corps qui n'est pas entretenu par une quantité suffisante de sommeil prépare des mauvaises surprises de santé, physiques avec une immunité affaiblie, et psychologiques avec un cerveau fatigué qui fait des erreurs cognitives, aux conséquences potentiellement graves.

---

7 C'est ce que nous constatons lors des évènements organisés par le CREDIR. Les enquêtes classiques, qui présentent des chiffres moins élevés, rencontrent des difficultés pour traiter efficacement la question du déni du manque de sommeil. Dans une enquête de l'Observatoire du CREDIR réalisée en mai 2020, avec sept cents répondants, seuls quinze pour cent des individus interrogés affirmaient n'avoir jamais de problèmes de sommeil pendant cette pandémie.

Ce chapitre est un des plus importants parmi les trente-trois. Si j'avais pu le lire avant que ma vie ne s'effondre à quarante-cinq ans, tout aurait pu être différent. Mon burnout de 2008 est largement dû à un dérèglement progressif du sommeil au fil de la première moitié de ma vie professionnelle. En cas de décalages horaires, avec des déplacements en Amérique et en Asie presque chaque mois pendant quelques années, ou en cas de soucis liés à mon métier de dirigeant d'entreprises, les nuits étaient écourtées par des réveils précoces au moins trois heures avant l'heure normale. Ces réveils permettaient au moins deux heures de travail quotidien supplémentaire qui me paraissaient être salutaires. Mais quand on travaille plus de quatre-vingts heures par semaine en dormant quatre ou cinq heures, on programme bien des déconvenues physiques (accidents cardiovasculaires et autres maladies) ou psychologiques. Tout ceci aurait pu être évité si j'avais été mieux informé sur le sommeil à l'époque.

Les neurosciences, et plus particulièrement l'étude du sommeil, me passionnent depuis lors. J'ai complètement réglé mes problèmes de sommeil. Douze ans après un burnout qui ressemblait dans ses suites à un AVC[8], je n'ai quasiment plus jamais d'insomnies, même en cas de soucis graves. Ma mémoire, ma capacité de travail et ma santé sont bien meilleures qu'avant cet incident. En parallèle de la nécessaire consultation d'un médecin, ce que je ne suis pas, je crois pouvoir partager avec vous des notions simples pour vous débarrasser d'une partie de vos problèmes de sommeil.

Parlons du cerveau. Dans notre éducation, depuis notre âge le plus tendre, nous croyons pouvoir lui faire confiance pour évaluer le sommeil. Quel humain sur terre n'a pas entendu dès son enfance cette question : « bonjour, as-tu bien dormi ? » Malheureusement ce cerveau n'est pas capable de répondre correctement à cette question. De même qu'il faut un thermomètre pour évaluer sa fièvre (nous n'avons pas notre propre capteur), de même qu'il faut un tensiomètre pour mesurer notre tension (là aussi absence de capteurs), il faut des appareillages externes pour évaluer la qualité et la quantité du sommeil.

Les cycles du sommeil se succèdent tous les quatre-vingt-dix minutes et comportent des micro-réveils. Certaines nuits le cerveau les perçoit,

8 Accident Vasculaire Cérébral

d'autres nuits beaucoup moins.

Qui d'entre nous n'a pas déclaré un jour à une personne qui dormait dans le même local : « je n'ai presque pas dormi cette nuit » et s'est vu rétorqué « pourtant, je t'ai longtemps entendu ronfler et tu dormais profondément » ? Qui n'a pas expérimenté des situations étranges où on croit ne pas dormir, alors que l'on rêve ou que l'on évolue à la lisière du sommeil ?

Admettre cette vérité scientifique « mon cerveau ne sait pas bien mesurer si je dors » peut être le début d'une reconstruction de notre hygiène de sommeil avec deux pierres angulaires.

1. Je ne fais plus confiance à mon cerveau que sur ce quoi il est fiable : la mesure du temps passé dans mon lit, et la sensation d'être reposé ou fatigué le matin. Les meilleurs spécialistes du sommeil nous disent qu'il faut viser huit heures pour garantir sa santé et que moins d'un pour cent de la population mondiale « résiste au manque de sommeil chronique »[9]. Si c'est le temps moyen que vous passez dans votre lit et que vous conservez une sensation de fatigue, alors parlez-en à votre médecin généraliste. Il y a beaucoup de pathologies du sommeil qui nécessitent des traitements médicaux, qu'elles soient physiques comme l'apnée, ou psychologiques.

2. Je cesse de m'angoisser sur la situation d'insomnie. Si j'ai l'impression de ne pas dormir, ce n'est pas forcément la réalité. Je suis néanmoins dans une situation de repos du corps. Imaginez l'énergie consacrée à gérer la complexité des réflexes en situation debout ou assise, ou celle que représente la vision combinée à l'hyperactivité devant un ordinateur ou un smartphone. Dans votre lit tout ceci est débranché, et génère du repos même si vous croyez ne pas dormir. Et si vous débranchez l'angoisse de ne pas dormir et les réflexions sur vos problématiques du moment, vous ne serez plus très loin du sommeil.

Avec ces deux principes fondamentaux, il devient possible de rechercher et de mettre en place quelques astuces pour favoriser le sommeil.

Si la sensation de ne pas dormir n'est pas fiable et n'est pas forcément le

9 P.234, M. Walker, Pourquoi nous dormons ?

signe d'une nouvelle journée de méforme, alors il ne reste qu'à traiter l'afflux de pensées liées à la vie professionnelle ou personnelle. Si on ne parvient pas à combattre cet afflux, il est fréquent que l'on se réveille de plus en plus et qu'on se persuade qu'on ne parviendra plus à dormir, avec une tentation forte d'écrire des idées dans un carnet ou d'ouvrir son ordinateur ou son smartphone. Il faut donc interdire ces pensées à son cerveau, ce qui va nécessiter une forte volonté ou au moins quelques techniques de base.

Les pensées liées à la vie réveillée doivent être exclues de notre cerveau quand nous sommes couchés pour la nuit. Il faut d'abord s'en convaincre, puis mettre en place une routine efficace qui corresponde à notre personnalité. Nous en citerons deux. Certains parviennent à se concentrer sur leur respiration et à méditer. C'est idéal. D'autres n'y parviennent pas et ont besoin d'installer artificiellement d'autres pensées dans leur cerveau. Ils mettront des écouteurs reliés à leur smartphone en mode avion, ils garderont les yeux fermés, et ils écouteront un livre audio, une radio ou une station de télévision en continu. Le volume sera le plus bas possible. Seules les informations de ce média seront autorisées dans le cerveau. Le ré endormissement sera plus facile qu'avec une mobilisation du cerveau sur les pensées de la vie quotidienne.

Intégrez donc les trois éléments précédents avant de passer à la suite :

1. ne plus faire confiance à son cerveau quant à l'évaluation de la qualité du sommeil,
2. mesurer le temps passé dans le lit avec un objectif moyen de huit heures,
3. refuser les pensées personnelles et professionnelles dans la position couchée.

Si vous n'avez pas encore retrouvé le plaisir d'une vie où on se sent plus reposé et plus efficace intellectuellement, et avant d'aller consulter votre médecin pour envisager des tests du sommeil, vous pouvez essayer ces astuces complémentaires.

Notre vessie impacte notre sommeil. Ses appels dépendent de la quantité de liquides ingurgitée ou de leur nature, de la température ambiante (on se lève plus rarement pendant les nuits d'été car le liquide est davantage éliminé par la respiration), de l'âge, etc. Deux conseils : si vous vous réveillez, allez aux toilettes préventivement, et ne faites rien d'autre, le tout dans une intensité lumineuse la plus faible possible (réduisiez les watts ou les lumens dans vos couloirs et vos toilettes).

N'hésitez pas à prendre un comprimé à base de plantes en milieu de nuit (valériane, passiflore, aubépine)[10]. Cela apporte un effet calmant, voire placébo, et ne génère pas de somnolence au réveil.

Votre nuit se prépare bien ou mal suivant vos activités à partir du dîner. Nous y reviendrons, mais trop de sucres (desserts, confiseries, sodas) ou trop d'alcool au repas du soir, et surtout entre le repas et le coucher, sont maléfiques pour la qualité du sommeil.

Il convient aussi d'avoir soixante à quatre-vingt-dix minutes de calme pour votre cerveau avant d'aller se coucher. Le cerveau a besoin de cet apaisement pour enchaîner une bonne nuit. Cela veut dire, sans équivoque, une absence de sport (hormis la sexualité si vous la considérez comme un sport !) et pas d'outils numériques à usages interactifs. Vous pouvez regarder une série ou un film, si, et seulement si, vous ne recevez pas de notifications qui vous poussent à une activité multitâche qui sollicite trop le cerveau.

On est tellement bien quand on dort assez et qu'on est débarrassé de l'angoisse des insomnies. Les spécialistes du sommeil découvrent de plus en plus de fonctions bénéfiques à ce sommeil : amélioration de la mémorisation, archivage du stress, renforcement de l'immunité. Face à un virus qui rôde, les personnes épuisées sont davantage en danger.

Je finirai en tordant le cou à une objection fréquente. Si je dors trop, je n'ai plus assez de temps pour travailler, tellement mon job ou ma vie sont prenants. La science l'explique. J'en suis un exemple vivant. On traite beaucoup plus vite une série de mails, d'appels téléphoniques ou de réunions délicates quand on est reposé. Notre acuité intellectuelle va se traduire par moins d'erreurs cognitives ou relationnelles. Le temps consacré au sommeil sera récupéré par une meilleure productivité dans notre vie diurne.

Mais il y a des situations ou des métiers pour lesquels cet appel à plus et

10 Parlez-en à votre médecin généraliste ou à votre pharmacien.

mieux dormir est délicat. Une personne dans la précarité économique qui cumule plusieurs boulots, une personne qui subit des trajets domicile-travail excessivement longs (quatre heures par jour pour certains) ou fatigants (transports publics bondés), des métiers avec un sommeil haché (professions médicales avec des gardes, pilotes long-courriers, etc.), des professionnels en travail d'équipe aux horaires variables, etc. Il faut apprendre à faire des micro-siestes pour récupérer dans la journée et il ne faut pas hésiter à consulter un médecin spécialisé qui, connaissant votre métier, sera à même de vous donner des conseils personnalisés.

Débarrassé des regrets de cette transition que vous vivez, reposé après la majorité de vos nuits, le rebond sera plus accessible.

Et pour ceux qui ne seraient pas complètement convaincus :

Introduction du chapitre six « Votre mère et Shakespeare le savaient. Les bienfaits du sommeil sur le cerveau. », dans un livre fantastique de 2017, écrit avec humour, d'un des grands spécialistes mondiaux du sommeil, le Dr Matthew Walker[11]

« Une découverte sensationnelle !

Les scientifiques ont découvert un nouveau traitement révolutionnaire permettant de prolonger la durée de vie. Il renforce la mémoire et la créativité. Il vous rend plus attirant, vous permet de rester mince et d'éviter les fringales. Il vous protège du cancer et de la démence. Il repousse le rhume et la grippe, diminue les risques de faire une crise cardiaque ou un accident vasculaire cérébral, sans parler du diabète. Vous serez même plus heureux, moins déprimé et moins anxieux. Y a-t-il des intéressés ? »

11 Professeur de neurosciences et de psychologie, directeur du laboratoire du sommeil et neuro-imagerie de l'université californienne de Berkeley.

Clé 3

NE TRAVAILLEZ PAS SANS ARRÊT : FAITES UNE PAUSE D'UN JOUR PAR SEMAINE ET DE DEUX SEMAINES TOUS LES SIX MOIS

Un rebond pour une vie plus satisfaisante, c'est davantage une course de fond qu'un sprint : il va falloir tenir la distance en se ménageant des périodes de récupération des efforts.

Mais pourquoi parler d'une course de fond, voire d'un marathon, c'est-à-dire d'une épreuve longue et difficile ? La situation suivante pourrait être décrite pour chacune des situations que vous traversez (sortie de la pandémie, dépassement d'un deuil, d'une séparation affective, d'une transition professionnelle, etc.).

Prenons l'exemple d'une recherche d'emploi après un licenciement ou la fin d'une entreprise. Plusieurs phases vont se succéder avant de signer un nouveau contrat de travail (digestion de la fin de l'étape précédente, bilan des compétences, posture pour candidater, candidature, entretiens de sélection, sélection, contrat, premier jour, etc.). Ce contrat de travail, qu'il soit à durée indéterminée ou non, est par essence précaire. Il faudra être confirmé dans le poste après une période d'essai. Il faudra faire ses preuves. Il faudra apprendre des nouveaux contextes et des nouvelles techniques. Il faudra s'habituer à un nouveau cadre relationnel. Avant de se sentir épanoui et vraiment en sécurité, il faudra des mois, peut-être même plusieurs années. La métaphore du marathon est utile pour la durée de la course, mais si vous vous y prenez bien, comme un coureur qui optimise sa préparation physique et mentale, vous parviendrez au terme de ce marathon, et vous serez sans doute surpris que cela ne vous soit pas apparu si difficile parce que vous avez été capable de finir cette course.

Quand on vit cette sensation de vide après un effondrement, on est pressé d'en sortir. C'est pourquoi nous rencontrons souvent des personnes en hyperactivité pour parvenir à résoudre ce problème de vide. Il n'est pas rare de constater que des facteurs d'épuisement sont toujours présents pendant la recherche du rebond. Cela peut être lié à une mauvaise hygiène de vie, notamment du sommeil, ou à une escalade de l'engagement, un phénomène bien connu en psychologie.

Il va falloir lutter contre ces tendances. Mais il n'est pas souvent efficace de dire à une personne que l'on conseille : « tu en fais trop, tu es trop pressé, du calme ». S'il y a une angoisse économique (« je n'ai plus assez pour vivre ») ou statutaire (« je n'assume pas d'être chômeur »), les appels au calme ne sont pas forcément recevables.

Comme pour le sommeil, où nous recommandons de mesurer le temps passé dans un lit plutôt que la qualité perçue du sommeil, c'est grâce à des évaluations quantitatives que l'on pourra mieux courir ce marathon.

La première concerne le rythme hebdomadaire d'activité. Il faut impérativement opérer un jour minimum de changement de profil de journée par semaine. Nous ne sommes pas faits pour travailler en continu. Sans coupure, notre organisme se fatigue physiquement, même si cela dépend de l'intensité des journées de travail. Mais il existe surtout une fatigue psychologique liée à la monotonie d'une vie où il n'y a rien d'autre que la journée de travail ou de recherche de travail. Chacun a des zones de plaisir qui poussent à choisir telle ou telle activité quand on ne travaille pas : sport en salle, en extérieur ou comme spectateur, sport intensif ou non, randonnée, activités culturelles, grasses matinées, rencontres d'amis, soutien à des personnes isolées ou en difficulté, jardinage, bricolage, cuisine, engagements philosophiques, politiques, syndicaux, religieux, etc. Cela peut être utile en termes d'hygiène de vie (exercice, oxygénation) ou non. L'essentiel est d'abord que cela soit une journée où on ne fasse rien comme les autres journées, notamment en se décrochant des outils numériques : pas de mails, pas de réseaux sociaux professionnels, etc. On pourra ensuite insister sur une notion de liberté par rapport au temps, par rapport aux autres. Dans cette journée, il doit y avoir un moment où le temps défile sans contraintes excessives : je suis dans mon coin, je décide ce que je fais en indépendance des autres et sans course contre la montre. Ce qui compte c'est la sensation plus que la durée. Nos vies sont souvent remplies de contraintes complexes (déplacements, gardes alternées, soutiens aux aînés) qui se rajoutent à la nécessité d'assurer une existence matérielle et sociale.

Nous avons tellement souvent rencontré des professionnels épuisés, en pré burn-out ou en post-burn-out, qui ne s'étaient pas arrêtés chaque semaine depuis des années. Six jours de travail (souvent des indépendants) et un septième jour consacré à de l'intendance et à de la présence aux autres. Jamais de vrai changement de rythme avec du temps pour soi.

Une seule journée tous les sept jours paraît suffisante. Ceci ne veut pas dire qu'un rythme légal de six jours de travail par semaine serait souhaitable. C'est simplement un constat. Il y a d'abord beaucoup de professionnels dans le monde qui travaillent six jours par semaine et qui tiennent (petits commerces, ou besoins matériels non satisfaits en cinq jours). Il y a aussi beaucoup de personnes actives cinq jours sur sept qui ont besoin d'une journée entière pour assurer l'intendance familiale : courses, ménage, navettes pour les loisirs des enfants ou les gardes alternées, soutien aux aînés, etc. Le point clé est d'éviter deux jours entiers comme cela, et une absence de break hebdomadaire. Faute de pause, c'est l'épuisement physique et/ou moral qui se programme.

Évoquons maintenant la question des vacances. C'est un sujet encore plus délicat quand ces propos sont lus par des professionnels de différents continents et cultures. En abordant ce sujet dans une conférence devant des managers japonais, j'ai vu de vraies larmes dans les yeux. Ils comprenaient combien leur rythme de travail pouvait impacter leur santé.

Quand on parle de karoshi[12] on évoque beaucoup de causes potentielles liées aux conditions de travail, aux temps de transport, aux contraintes culturelles. Mais le manque de jours de vacances en continu est probablement un des facteurs les plus différenciants entre le professionnel japonais et d'autres cultures. Hormis quelques jours fériés, il est commun de ne prendre qu'une seule semaine de congé continue par an. Pour beaucoup de Japonais, cette semaine est une course contre la montre avec des voyages, des visites à un rythme soutenu. Pour avoir souvent croisé des touristes japonais dans différents pays du monde, ce n'est pas une impression de ralentissement de rythme et de zénitude qui prévaut.

Pour récupérer efficacement, il faut deux semaines d'affilée. Nous l'avons

12 Mort brutale liée à un excès de travail. Syndrome d'abord caractérisé au Japon, mais qui touche bien d'autres pays.

tous expérimenté, même si certains lecteurs n'en ont peut-être pas encore pris conscience. Quand on travaille beaucoup, il est rare d'être en pleine forme pendant les premiers jours de vacances. Avant la pause, il a fallu finir des tâches usuelles, professionnelles ou personnelles, préparer le départ, expérimenter le stress d'un déplacement, se demander comment couper les canaux de communication. Il faudra quelques jours pour trouver son nouveau rythme. En outre un paramètre déterminant est à prendre en compte. Le changement de rythme provoque des modifications de notre système immunitaire. Le relâchement du stress des journées de travail minutées, ou des objectifs à tenir, nous expose à de petits problèmes de santé : refroidissements, allergies, maux de ventre, troubles du sommeil. Nous ne nous sentons bien en vacances que quelques jours après leur début. S'il faut reprendre la vie normale au bout d'une semaine, ou, pire, après un week-end prolongé hyperactif, notre organisme ne sera pas assez reposé. Le repos et les batteries qui se rechargent bien, c'est la deuxième semaine. Quant à la troisième, c'est un plaisir qui n'est pas forcément utile du point de vue de la santé, surtout si cette troisième semaine empêche de faire dans l'année un second break de deux semaines à six mois d'intervalle.

Ce luxe du second break de deux semaines n'est malheureusement pas accessible à beaucoup dans le monde. Il y a trop peu de pays où quatre semaines de pause sont possibles. C'est un excellent bienfait de s'octroyer deux vraies semaines de pause au cœur de l'hiver, en dehors de la période des fêtes de fin d'année en général peu reposantes. Les pays qui s'accrochent à moins de trois semaines de vacances annuelles se poseront un jour la question des coûts secondaires à assumer en matière de santé de la population. Une analyse précise et objective des victimes de la pandémie (malades et décès) montrera comment des populations trop pauvres ou trop occupées pour s'arrêter de travailler et pour changer d'air auront été davantage touchées par un virus respiratoire qui vise notamment les immunités affaiblies et les personnes épuisées.

Un jour de vraie coupure par semaine. Deux fois deux semaines de vacances chaque année. Pour tous. Professionnels en activité, chercheurs d'emplois, retraités, étudiants, etc.

Clé 4

NE RESTEZ JAMAIS SEUL

La transition vers le rebond comporte une part d'inconnu. Un apprentissage de nouvelles situations va être nécessaire. De nouvelles compétences vont être progressivement acquises. De nouveaux interlocuteurs vont s'intégrer dans votre quotidien. Vos interlocuteurs habituels sont eux-mêmes impactés par des changements dans votre vie, voire dans la leur. Ces changements créent une forme d'inconfort, qu'il est intéressant d'exprimer dans un dialogue avec une personne bienveillante. Le fait même de mettre des mots sur ces changements va faciliter ces découvertes et ces apprentissages.

Dans cette période de transition, notre ordinateur interne , le cerveau, va manquer de repères, et pourrait mal évaluer le bien et le mal fait, la réussite et l'échec, etc. Il ne connaît pas bien les paramètres de cette nouvelle situation. Ceci concerne la quasi-totalité des situations de transition. Prenons quelques exemples.

Un patient vient de subir un traitement médical réussi pour une infection majeure. Il lui a été dit qu'il y avait un avant et un après. Sa vie n'est plus en danger, mais il faut adopter une nouvelle hygiène de vie. Le corps médical n'est pas toujours précis, surtout sur les conséquences psychologiques.

Une jeune femme a fait un AVC. Les médecins lui disent qu'elle a bien récupéré, mais elle est persuadée que tous ses interlocuteurs se rendent compte de défauts sur son visage, et de difficultés d'expression. Elle en est angoissée.

Un chef d'entreprise vient de faire un petit infarctus qui s'est terminé par la pause de stents, ces ressorts qui élargissent les vaisseaux sanguins. Trois jours après, il est chez lui sans interdiction de travailler, mais avec une recommandation de travailler moins. Faire des déplacements professionnels, notamment en avion, personne ne les lui a interdits, mais est-ce compatible avec sa convalescence ? Il a mis plusieurs mois à avoir un rendez-vous avec un psychologue spécialisé.

La pandémie dont nous sortons peu à peu, les lendemains d'inondations dévastatrices ou d'autres catastrophes naturelles, semblent me laisser à l'abri de la perte de mon emploi, mais que puis-je faire face à la misère sociale ou au chômage recrudescent ?

Ces transitions comportent évidemment plein de questionnements sur les nouvelles personnes que l'on rencontre. « Après le coup de foudre avec un nouveau partenaire, est-ce que cela va durer, notamment quand on passe de rencontres furtives à des journées entières ensemble ? »

« Ma nouvelle supérieure hiérarchique, qu'est-ce qui peut l'énerver particulièrement et rendre la collaboration plus délicate ? Mes piercings, une tendance à arriver tard, ma pause cigarette, etc. »

Notre ordinateur interne d'évaluation peut envoyer très vite des signaux avant-coureurs de l'échec. Est-ce une information valable ? Cette remarque de mon nouveau chef sur une faute d'orthographe dans un courriel à un client, est-elle pleine de sous-entendus sur le fait que je ne serais pas au niveau de ce nouveau poste ?

La peur de l'échec induit une tendance à déformer les réalités et à s'isoler. Les proches qui me voyaient dans une zone de maîtrise ou de confort, dans la situation avant la transition, ne vont pas comprendre que je ne sois plus certain d'être à la hauteur. Et mes nouveaux interlocuteurs post-transition ne sont pas assez connus pour que je leur fasse part de certains questionnements.

Tout concourt malheureusement à une tendance à être plus isolé pendant une transition et, faute d'interlocuteur pour confronter les impressions, à exagérer les sentiments négatifs et positifs.

Un interlocuteur pour dialoguer, ou un véritable accompagnant, aidera à avoir une vision plus équilibrée de la situation.

Si vous dialoguez depuis longtemps avec un accompagnant (professionnel ou amateur), il est probable que des liens personnels ou amicaux ont été créés. La qualité du dialogue, notamment sa transparence, pourrait être altérée, dans les périodes où les conséquences de la transition sont perçues négativement et où le sentiment d'échec rôde. Lors de la recherche initiale à l'Université Paris Dauphine, il fut démontré qu'un nouvel interlocuteur pourrait être précieux, car ses feedbacks seront dénués de références au passé, celui où vous étiez davantage dans votre zone de confort.

Ce facteur clé anti-solitude est essentiel. Durant toute votre vie, vous devriez avoir en tête qui sera la personne à appeler au secours ou pour discuter, si une réalité découlant d'une transition ou d'un échec se présente brutalement. Dans nombre de rencontres avec des professionnels en transition, je suis surpris d'entendre des récits de vie où l'absence d'un confident est une constante depuis le début de la vie active.

Si j'apprends mon infortune conjugale alors que j'étais sûr de mon couple, j'appelle qui ? Si on m'annonce un cancer avec cinquante pour cent de chances de survie et des traitements très lourds, j'appelle qui ?

La vertu de ce livre est de soulever des questions délicates le plus en amont possible. Envisager des réactions à des mauvaises nouvelles qui touchent tout un chacun va préparer votre cerveau à réagir différemment dans les signaux qu'il vous envoie.

Clé 5

MAINTENEZ IMPÉRATIVEMENT VOS ACTIVITÉS DE TROISIÈME VIE

Pour ceux qui ont la chance d'avoir un emploi, la vie professionnelle occupe une part significative du temps de réveil réellement disponible, déduction faite du temps consacré aux déplacements et aux repas. Les professionnels dont la durée du travail atteint le double de la durée légale ne sont pas si rares que cela : agriculteurs, commerçants, professions libérales, consultants salariés, cadres dirigeants, etc.

Nous qualifions cette vie professionnelle de première vie, par classement quantitatif.

Quand cette première vie procure des satisfactions, ou un stress minimum, il est possible d'y consacrer beaucoup plus que sept ou huit heures par jour ouvré sans que cela ne soit particulièrement dommageable.

Mais quand le stress est chronique, ou qu'il apparaît soudainement à cause d'un évènement contraire, il paraît vain d'espérer qu'il puisse être facilement ou rapidement éradiqué. Il faut vivre avec.

Cette première vie est également génératrice de stress quand la personne est en transition entre deux emplois, ou en recherche d'un nouvel emploi. Même si la charge quantitative est moins lourde, en termes d'horaires, elle est très importante sur le plan émotionnel face à l'incertitude d'une période de chômage. Les analyses et recommandations qui vont suivre s'appliquent donc également aux personnes en recherche d'emploi, ou de nouveaux projets de vie s'ils sont de récents retraités.

Dans de nombreux cas horribles de suicides apparemment liés à des motifs professionnels, il est rare qu'il n'y ait qu'une seule cause, et qu'elle puisse être supprimée à brève échéance. De nombreux patrons du nord de l'Italie, notamment dans le bâtiment, se sont suicidés ces dernières années. Ils ne parvenaient plus à honorer les contrats de travail signés en payant leurs collaborateurs, à cause des dettes de l'État italien vis-à-vis des entreprises privées. Face à une telle situation, il n'est pas possible de trouver des dizaines ou des centaines de milliers d'euros pour réduire le poids de ces dettes à brève échéance. Il faut donc parvenir à ce que ce stress récurrent de la première vie (professionnelle) n'envahisse pas complètement la personne concernée, et qu'elle ait d'autres centres d'intérêt.

Quand des techniciens de haut niveau constatent que leurs compétences ne sont plus demandées à cause d'un changement radical de technologies, il n'est pas facile de leur retrouver des jobs qui les motivent.

Certaines entreprises peuvent être critiquées dans de telles circonstances, car elles n'ont pas su anticiper des évolutions importantes. Mais quand le mal-être se transforme en épuisement, en dépression ou en drame plus grave, rares sont les recettes miracles. Il est alors envisagé de changer les liens hiérarchiques, où l'un fait décidément souffrir l'autre au-delà de ce qui est admissible. Mais ce n'est pas toujours suffisant.

Quand le stress professionnel apparaît brusquement ou devient difficile à supporter, il va impacter le restant de nos vies, à commencer par les nuits où le sommeil risque d'être perturbé.

Entre la vie professionnelle, la première, et les nécessaires temps de sommeil, s'intercalent des périodes passées hors du lieu de travail. Les temps de transport sont rarement des temps de dialogue, entre les conduites de véhicules individuels au sens littéral du terme, et des transports où la communication est structurellement difficile.

Ces périodes se répartissent entre la seconde vie, passée à son domicile ou au domicile des proches que l'on côtoie régulièrement, et la troisième vie, consacrée à des activités de loisirs, à des engagements associatifs, etc.

Ces vies vont jouer un rôle déterminant dans la régulation du stress professionnel. Elles peuvent l'atténuer ou le renforcer. Plusieurs études médicales montrent désormais que des vies riches en prises de paroles, en vie sociale, en dehors des situations qui génèrent un stress récurrent, vont grandement limiter les impacts de ce stress sur la santé.

Dans la seconde vie, vous côtoyez des proches qui vous connaissent bien. Si vous formez un couple, ou si vous êtes entourés d'enfants ou de parents, ces proches éprouvent des sentiments forts pour vous, en principe bienveillants si les relations sont bonnes. Dans la plupart des cas, vous allez communiquer des informations explicites ou implicites sur ce que vous vivez sur le plan professionnel. Vos proches vont suivre ces communications, soit en vous interrogeant fréquemment, soit en ayant des expressions interrogatives, voire angoissées, quand vous ne vous exprimez pas ou peu.

Les situations de transition sont encore plus faciles à scruter pour vos proches. Ils sont au courant que vous traversez des périodes de changement. Ils observent si vous allez trouver un nouvel épanouissement dans la vie qui va découler de cette transition. Ils s'inquiètent si la période de transition se déroule difficilement, notamment si elle leur paraît durer très longtemps.

La seconde vie est donc rarement un moyen efficace, dans la durée, pour évacuer le stress de la première vie. Une troisième vie peut jouer ce rôle bénéfique.

La troisième vie pourrait être définie comme un espace, où se situerait tout ce qui ne relève pas de la première (professionnelle) ou de la seconde (familiale ou affective). Mais cette définition ne convient pas dans le modèle des trois vies, car cela regrouperait des activités très diverses dans leur impact sur l'épanouissement ou le stress de l'individu.

La troisième vie doit être telle qu'elle ne sera pas structurellement affectée par des difficultés rencontrées dans la vie professionnelle ou dans la vie personnelle.

Si vous quittez ou perdez votre travail, cette troisième vie doit pouvoir continuer sans être impactée par ces changements professionnels. Des activités de représentation professionnelle, telles que du syndicalisme patronal ou salarié, n'appartiennent donc pas vraiment à cette troisième vie, car elles sont souvent remises en cause par un départ de l'entreprise.

La troisième vie doit également pouvoir perdurer quand vous vivez une séparation dans votre vie personnelle. Si votre troisième vie est un loisir que vous pratiquez dans un club avec votre conjoint, les chances sont faibles qu'elle puisse continuer sans dommages collatéraux et sans stress consécutif à la séparation.

La troisième vie est une occasion d'avoir des relations sociales avec des personnes qui ne changeront pas fondamentalement d'attitude vis-à-vis de vous lors de vos transitions professionnelles ou personnelles. Cette troisième vie doit donc générer des occasions de rencontre. Si vos loisirs sont essentiellement consacrés à bricoler seul ou à courir seul, ils ne correspondent pas vraiment au modèle des trois vies, qui sont chacune des vies d'interaction avec d'autres individus.

Les exemples de troisième vie sont multiples dans la vie associative (entraide pour les démunis, les malades, les prisonniers, les pays en voie de développement, etc.). Les associations sportives, culturelles, musicales, ne seront des foyers de troisième vie que si votre participation va au-delà d'une simple consommation individuelle de services. Les mandats électifs (politiques, prud'hommes, parents d'élèves, etc.) sont dans la plupart des cas des troisièmes vies efficaces, même si elles ne sont pas dénuées de stress. Mais ce stress sera différent et rarement concomitant avec le stress de la vie professionnelle.

Les engagements religieux peuvent sans doute constituer également des troisièmes vies. Mais il est nécessaire d'être prudent et de réfléchir à l'interaction entre le religieux et la traversée de phases de transition ou d'échec.

Dans certaines pratiques religieuses, des introspections trop individuelles peuvent constituer des dangers pendant des phases où les personnes ont besoin d'interactions avec d'autres humains pour surmonter les ravages de l'isolement.

Le rapport à la faute, au péché chez les Chrétiens, peut également être problématique pour une personne confrontée à son échec. Imaginons quelqu'un qui perd son travail, à la suite d'une confusion entre les intérêts personnels et ceux de son entreprise. Suivant les points de vue, c'était au mieux une indélicatesse, au pire un vol ou un détournement de fonds. Dans ces affaires, il s'agit rarement d'un vol au sens premier du terme. Les situations sont souvent ambiguës. Ce genre de situation peut concerner aussi bien des salariés (licenciement sanction) que des entrepreneurs (abus de bien social).

Certaines religions peuvent être très sévères sur ce sujet, comme sur celui de l'adultère. La sévérité pourra se traduire par une impossibilité implicite de continuer dans les responsabilités associatives passées, dont on ne serait plus digne! Un parcours d'introspection centré sur la prière de pardon, souvent individuelle, sera la voie recommandée dans certaines religions. Le fautif ou le pécheur est parfois isolé du groupe, alors que c'est le maintien dans le groupe, et l'échange bienveillant avec ses membres, qui permettait sans doute la guérison la plus efficace.

Sans que le propos ne comporte de jugement sur les pratiques et les philosophies, il est facile de comprendre que certaines religions ne sont pas des lieux faciles de troisième vie, car les retournements des vies professionnelles ou personnelles peuvent vite avoir un impact sur le statut individuel dans la religion.

À ce stade de lecture de ce chapitre, vous devriez avoir identifié si vous avez une troisième vie ou si vous n'en avez pas vraiment.

Dans mon étude des trajectoires de dirigeants d'entreprise en difficulté, j'ai observé clairement que ceux qui ont une troisième vie traversent plus facilement les difficultés professionnelles. Ils ont un lieu de vie où leurs soucis n'ont rien à faire, où leurs relations sociales ne sont que très peu influencées par le reste de leurs soucis.

Dans la population des professionnels d'entreprise accueillie au CREDIR pour des problématiques d'épuisement professionnel, il est tellement fréquent de constater l'absence ou la disparition de la troisième vie, bien avant l'avènement d'un fort stress dans la vie professionnelle, ou dans la vie personnelle.

Nombreux sont les jeunes professionnels qui n'investissent, au début de leurs carrières, que dans la vie professionnelle et la vie personnelle. Il n'y a pas de temps pour le reste. Il faut prouver son engagement à son employeur ou à ses employés. La vie affective, puis la création d'une famille pour ceux qui le souhaitent, occupe le reste du temps. Cette absence totale de troisième vie va peut-être perdurer. C'est souvent le corps qui donnera plus tard des signaux qu'il faut dégager du temps pour l'exercice physique, souvent sans objectif de socialisation.

Ceux qui ont la chance de ne pas avoir fait ce choix, et qui ont continué une vraie troisième vie, sont évidemment en danger quand ils interrompent cette troisième vie. À un moment de leur carrière ou de leur vie personnelle, ils se disent qu'ils n'ont vraiment plus le temps. Inconsciemment, ils vivent un manque, et reportent une bonne partie de leur investissement personnel dans la vie professionnelle. Quand les soucis arrivent dans la première vie, ils manquent cruellement de cette occasion de s'évader dans leur ancienne troisième vie. Ils peuvent plonger plus facilement dans des périodes de souffrances psychologiques importantes.

Le déséquilibre qui va conduire à des épisodes de dépression ou d'épuisement professionnel peut parfois venir de la seconde vie. Sans parler des situations complexes de séparation et de recomposition des familles, la naissance d'un enfant, qui occasionne des mois de sommeil perturbé, peut faire basculer une situation. Même si cette naissance est source de joie, elle crée du stress face à la dette de sommeil, et peut modifier en profondeur la satisfaction au travail, si cet environnement professionnel ne relâche pas un peu la pression des horaires et des résultats. Les deux vies sont alors créatrices de stress au quotidien. Le basculement dans une trajectoire dépressive se fera d'autant plus facilement qu'il n'y a pas de troisième vie pour respirer.

Si vous ne partagez votre temps qu'entre la vie professionnelle et la vie familiale, votre situation d'échec a davantage de chance de contaminer votre autre vie. Si vous avez un troisième domaine d'intérêt où vous vous engagez, vous pourrez conserver des sources de diversion et de satisfaction qui vous aideront à traverser les moments difficiles.

Il est intéressant de constater que les recherches scientifiques démontrent aujourd'hui que la socialisation, sous la forme de groupe de parole et sous la forme de dons aux autres, est bonne pour la santé. Elle diminue les effets nocifs du stress. La recommandation d'aller vers une troisième vie ouverte aux autres n'a rien d'un discours moralisateur qui reposerait sur des préceptes religieux.

S'impliquer pour les autres, en dehors des cercles professionnels et personnels, serait bon pour la santé. Si en plus, cela permet de se mettre en accord avec des convictions morales ou politiques, il ne faut plus hésiter. D'ailleurs la résistance physique d'hommes comme Gandhi ou Mandela a peut-être des explications physiologiques... Tournés vers les autres, leurs organismes ont sans doute mieux digéré les stress intenses auxquels ils étaient soumis.

Il n'est pas possible de clore ce plaidoyer pour une troisième vie sans traiter une objection classique, celle de la gestion du temps. Comment trouver du temps, quand on est absent de son domicile douze heures ou plus sur vingt-quatre, avec des week-ends où le travail peut continuer sur un ordinateur portable ? Le seul moyen de clore rapidement ce débat est malheureusement, comme pour l'exercice physique, de parler d'une question de vie ou de mort.

Si vous ne prenez pas le temps de faire un minimum d'exercice physique, vous savez que vous risquez des ennuis de santé plus ou moins sérieux.

Si vous ne prenez pas le temps de faire un minimum d'exercice de socialisation dans une troisième vie, vous prenez aussi des risques importants pour votre santé. Vous ne le sentez peut-être pas aujourd'hui, parce que vos vies professionnelles et personnelles vous procurent des satisfactions. Mais le jour où vous serez confrontés à un cycle d'échec ou d'incertitude, votre santé pourrait se dégrader rapidement.

La troisième vie est un élément essentiel dans la prévention des syndromes de dépression ou d'épuisement professionnel.

Les entreprises qui continueraient à exercer sur leurs collaborateurs des pressions implicites pour assurer des horaires démentiels vont se trouver progressivement confrontées à des problématiques de santé, et donc de performance de leurs salariés. De nombreuses grandes entreprises ont maintenant compris qu'il est dans leur intérêt d'avoir des collaborateurs motivés, parce qu'ils sont en bonne santé physique et psychique.

Si vous n'avez pas de troisième vie, commencez dès aujourd'hui à observer celles que vos proches ont choisies. Très vite vous pourrez rencontrer de belles personnes, avec leurs lots de joies et de difficultés, qui vous permettront de relativiser les vôtres, et de rythmer votre vie autrement qu'avec la seule alternance entre le travail et le domicile.

Clé 6

FAITES ATTENTION À VOTRE CORPS : LES TRANSITIONS EXIGENT NOTAMMENT UN SUIVI MÉDICAL

En rencontrant des personnes en difficultés professionnelles ou personnelles il est frappant de constater un état de fatigue récurrent, voire d'épuisement inquiétant. Quand on pose la question du sommeil, il est rare de ne pas avoir la confirmation de problèmes d'insomnies.

Cette situation semble assez facile à expliquer.

Très fréquemment, une personne engagée dans une transition subit une surcharge de travail ou d'activités.

Cette transition implique des actions et des rencontres nouvelles. Chacun de ces évènements nécessite un peu plus d'efforts que dans la situation précédente, où les tâches ou les interlocuteurs étaient bien connus. Le processus d'apprentissage est à l'œuvre. Dans quelque temps, vous devriez être plus rapide ou efficace.

Ce sentiment de charge accrue de travail est naturellement plus fort, quand il s'agit d'une tâche que l'on estime ne pas avoir souhaitée : l'analyse d'un constat d'huissier lié à un surendettement, la lecture de documents sur la garde alternée des enfants, des séances de rééducation physique après une opération invalidante, etc. Les chefs d'entreprises en difficulté font ainsi état d'une charge de travail totalement inhumaine pendant les phases de procédures judiciaires : les soixante heures hebdomadaires, déjà déraisonnables, peuvent passer à soixante-dix ou quatre-vingts.

Mais il existe une autre surcharge consommatrice de temps : la réassurance de l'entourage. Vos proches, au travail ou dans la vie personnelle, se rendent compte que vous êtes confronté à des difficultés, qui découlent d'une situation de transition ou de risque d'échec. Ils sont souvent demandeurs d'informations sur les faits ou sur votre ressenti. Un avis de lettre recommandée dans la boîte aux lettres familiale, un huissier qui est passé dans l'entreprise, un retour de congé maladie ou de congé lié à un deuil, etc. C'est une charge affective, et cela prend du temps d'expliquer ou de gérer les conséquences d'un stress apparent, quand on ne souhaite pas en parler.

De très nombreux individus traversant une transition professionnelle ou personnelle font état de cet insupportable accroissement de la charge de travail, au moins de la charge perçue. Une consommation supérieure d'énergie durant chaque journée de trajectoire de transition ou d'échec est donc une conséquence immuable.

Dans le même temps, le sommeil a tendance à se dérégler. Toutes nos nuits sont naturellement faites de micro-réveils plus ou moins perçus par le cerveau. Quand le poids des soucis de la transition est là, il est fréquent de basculer dans une situation où l'on se met à cogiter pendant ces petits réveils, en ayant beaucoup plus de mal à se rendormir.

Nous observons tellement souvent des professionnels qui accumulent une dette de sommeil, souvent avec les mêmes scénarios de nuits.

La journée a été particulièrement chargée. Il paraît nécessaire de retravailler après le repas du soir ; c'est si facile avec les outils actuels (smartphones, tablettes, portables). L'endormissement est en général assez rapide. Mais un réveil précoce est fréquent durant la nuit. Et il est tellement difficile de se rendormir, à tel point qu'il est fréquent de voir des professionnels recommencer leur journée de travail (et de courriels) à trois ou quatre heures du matin.

Que faire en face d'un individu, qui recharge moins bien ses batteries d'énergie en dormant mal, alors que le besoin d'énergie pour traverser les journées est en forte augmentation ? Le déséquilibre est tellement patent, qu'il peut se traduire en dégradation rapide de la santé physique et psychologique.

Cette situation relève obligatoirement de votre médecin de famille. Comme pour un sportif professionnel qui a un soigneur, c'est votre point d'appui prioritaire. Le dialogue avec ce médecin doit être régulier (prévention) et doit comporter des discussions sur le sommeil et la perception de votre vie.

C'est évident. C'est vite écrit. Mais la réalité observée en rencontrant des personnes en transition est préoccupante. Dans des pays riches avec un bon système de santé, comme la France ou la Belgique, l'état sanitaire des professionnels dans la force de l'âge n'est pas rassurant, et mérite d'évoquer certains cas.

De nombreux individus voient dans la consultation du médecin une nécessité uniquement en cas de maladie patente : une infection, un accident musculaire, etc. Les affections bénignes passeront toutes seules ou par simple automédication. Des petits problèmes d'insomnie ne donneront pas lieu à une visite chez le médecin, surtout s'il faut passer une ou deux heures dans sa salle d'attente.

Ceux qui pousseront la porte de leur médecin généraliste seront parfois surpris, au moins a posteriori, quand ils auront constaté que leurs problèmes ne s'arrangent pas. En effet, certains médecins connaissent mal les problèmes consécutifs à la souffrance au travail. Face à des insomnies, ils auront facilement recours à des conseils du type « travaillez moins » ou « prenez des vacances ». La prise en compte efficiente des problèmes en sera retardée.

D'autres médecins se sentent au contraire aptes à gérer ces difficultés. Avec des somnifères, des anxiolytiques ou des antidépresseurs, ils ont eu des bons résultats et pensent qu'il en sera de même avec vous. Je ne suis pas médecin, mais observateur avisé. Dans mon cas, j'ai été bien soigné par mon médecin de famille. Mais que dire de ces professionnels, qui ont été maintenus sous antidépresseurs pendant des années, sans interruption, par un médecin généraliste qui ne semble pas avoir recommandé de visite chez un médecin spécialiste ?

La connaissance scientifique du cerveau continue à progresser très rapidement. Les recherches révèlent des microphénomènes chimiques ou hormonaux, insoupçonnés pendant des siècles dans cet organe, qui était vu comme une machine à impulsions électriques. Il s'ensuit une adaptation fréquente des traitements. Il paraît difficile au médecin généraliste de se tenir au courant de toutes ces innovations, d'autant que la formation continue d'un médecin généraliste concerne bien d'autres médecins spécialistes. Dans la spécialité de psychiatrie, le recours au médecin spécialiste est essentiel.

Mais comment le patient peut-il détecter des réactions anormales d'un généraliste qui ne l'envoie pas chez un spécialiste des pathologies liées au fonctionnement du cerveau ? Ce sont évidemment des conseils d'un professionnel d'entreprise, qui n'est pas médecin. Si votre traitement est renouvelé plus de six mois, ou s'il est écrit explicitement antidépresseurs sur la boîte de médicaments, il serait bon de discuter avec votre médecin généraliste de l'opportunité d'une visite chez un psychiatre.

Quid du psychiatre ? Le mot fait terriblement peur à beaucoup. Ce serait le médecin qui soigne les fous. C'est une grossière erreur. C'est le médecin spécialiste du cerveau comme le pneumologue pour vos poumons. N'ayez pas peur, c'est un médecin spécialiste comme les autres. Remplacez ce mot de psychiatre, s'il vous gêne, par celui de cerveaulogue, un néologisme que nous aimons bien au CREDIR car il inquiète moins.

Si vous vous sentez mal, car vous avez peur de perdre votre emploi ou votre entreprise, il ou elle le comprendra et ne se lancera pas automatiquement dans des questions introspectives sur toute votre vie. Contrairement à ce que disait la science il y a cinquante ans, la très grande majorité des états dépressifs est liée à des dérèglements physiques dans votre cerveau. Il y a effectivement une altération du fonctionnement de cet organe, qui nécessite un diagnostic et un traitement médical.

Faites confiance à ce spécialiste, mais pas aveuglément. Certains psychiatres sont davantage spécialisés dans les pathologies classiques que dans les conséquences de la souffrance au travail. Quelle ne fut pas ma stupeur quand, ayant recommandé à une chef d'entreprise d'aller voir un psychiatre, elle ressortit avec le commentaire suivant : « Madame, vous n'êtes pas schizophrène, bipolaire, etc. (s'ensuit la liste de toutes les pathologies classiques), je ne peux rien pour vous ! »

Après avoir discuté avec votre généraliste et identifié le bon psychiatre, prenez patience, car ils sont souvent débordés et donnent des rendez-vous très lointains. C'est un vrai problème.

Nous n'avons pas encore parlé du médecin du travail ou du psychologue. Le propos sera rapide, car nous avons connaissance de peu d'exemples, où ces praticiens ont pu jouer seuls un rôle déterminant dans la prévention des conséquences pathologiques de périodes de transitions difficiles ou de trajectoires d'échecs.

Les médecins du travail ont peu de temps pour détecter des phénomènes que les individus ont tendance à cacher à leur entourage, voire à se cacher. Beaucoup de professions ne passent pas par la médecine du travail (chefs d'entreprise non-salariés, fonctionnaires, etc.). Il existe des professionnels remarquables, qui connaissent bien les entreprises et pourront être efficaces dans la détection. Mais ces cas sont trop peu nombreux pour que l'on puisse voir la médecine de travail comme un filet aux mailles suffisamment rapprochées pour détecter tous les cas.

Tous les métiers d'accompagnement (psychologues, coaches, thérapeutes en médecines douces, etc.) ont tous, dans la plupart des pays développés, l'interdiction de prescrire des médicaments. Quand une personne en transition est enfin décidée à faire quelque chose pour sa santé, il lui faut des résultats patents et plutôt rapides, pour ne pas se décourager et abandonner à nouveau l'approche médicale. Ne pas envisager un vrai traitement médical, avec les check-ups ad hoc, est un risque que nous ne recommandons pas de prendre dans ces circonstances. Les médecines douces et les bénéfices de dialogues répétitifs seront utiles après une première prise en mains médicale globale.

En conclusion, il convient de rappeler que la recherche de la performance individuelle dans la transition repose sur un corps en bonne santé. Comme le sportif de compétition qui construit ses victoires sur un staff comprenant notamment un soigneur, n'oubliez jamais qu'un bon médecin de famille à l'écoute est votre premier soutien pour organiser votre rebond.

Clé 7

DÉCOUVREZ LA SALUTOGÉNÈSE ET NE PENSEZ PAS QU'AUX MALADIES

Ce mot est rentré dans notre pédagogie début mars 2020 en préparant avec les médecins de l'équipe du CREDIR des ateliers de formation pour des professionnels actifs pendant la pandémie. Que l'on parle du coronavirus ou d'autres virus, nous avons tous, malheureusement face à la gravité des évènements, et heureusement pour notre éducation à la santé, mieux compris certains phénomènes. Notre vocabulaire et nos pratiques devraient durablement changer.

Nous n'étions pas des experts des gestes barrière. Nous ne nous lavions probablement pas assez les mains. Espérons que les bonnes habitudes ne nous quitteront plus.

Auprès des médecins de notre équipe pluridisciplinaire, nous avons découvert des mots inconnus: salutogénèse, effet nocebo, etc. Après des semaines de formation et d'écoute de professionnels impactés par la pandémie, ces deux mots s'avèrent très pertinents dans la recherche du rebond.

La salutogénèse s'oppose à la pathogénèse. Vous entendez dans ce dernier mot la racine grecque pathos que l'on retrouve dans pathologies, un presque synonyme du mot maladie. La médecine occidentale est historiquement très tournée vers le combat contre les maladies. La plupart des découvreurs médicaux qui ont marqué l'histoire ont travaillé sur des maladies et des moyens pour les éviter ou les guérir : Pasteur et la vaccination, les Curie et la radiothérapie, etc.

La salutogénèse est une approche plus préventive de la médecine. Comment assurer notre salut, en évitant des maladies parce que nous sommes en bonne santé, ou parce que nous avons des pratiques adéquates, comme les gestes barrière ?

Quand un virus circule, la priorité est d'éviter qu'il ne mette notre vie en danger. Cela sera plus facile si nous sommes préalablement en bonne santé, ce qui se manifeste en général par un bon niveau de défenses immunitaires. Certains individus n'ont malheureusement pas la main sur leur immunité si elle est impactée par des maladies, comme le diabète, ou par le traitement de maladies, comme la chimiothérapie. Mais la grande majorité de la population peut agir sur son immunité par des moyens qui nécessitent souvent une simple éducation à la santé, et rarement des ordonnances d'analyses et de médicaments au fort impact sur les dépenses de santé. Le chapitre deux a insisté sur le sommeil, élément clé dans le maintien d'une immunité élevée, mais vous découvrirez d'autres pratiques favorables aux défenses immunitaires dans ce livre : nutrition, hydratation, exercice physique, lutte contre le stress.

En Orient ce débat entre la salutogénèse et la pathogénèse existe sans doute moins. Les médecines orientales intègrent davantage de pratiques d'hygiène de vie : par la respiration, la nutrition, etc. La médecine chinoise a cartographié depuis des siècles nos organes en lien avec des phases de nos vies. Le poumon est l'organe de la tristesse. Je l'ai appris au terme d'une pneumonie récidivante que les médecins classiques avaient du mal à guérir. L'inefficacité de différents traitements antibiotiques leur faisait penser à une maladie nosocomiale que j'aurais pu contracter lors de séjours à l'hôpital au chevet de mon père en fin de vie. Un médecin féru de médecine chinoise me conseilla de consulter les connaissances sur le poumon. Cet organe est fragilisé par un deuil ou par un stress important.

Inutile de dire que cette phase de vie a influé sur ma sensibilité par rapport à ce que vivent les patients aux urgences pendant cette période de pandémie. Une intubation pour un examen dans les poumons, avec injection de liquide pour faire un prélèvement, donne la sensation que la fin est proche car on a l'impression de se noyer. J'aurais dû accepter la proposition de somnifères car cet examen m'a laissé de mauvais souvenirs…

Comme nous allons vivre avec les risques de contamination par ce virus tant qu'il n'y a pas de vaccin, et que nous serons sans doute un peu traumatisés par ces risques jusqu'à la fin de nos vies, la salutogénèse et tout ce qu'elle implique en matière d'hygiène de vie et de prévention santé, doit trouver une priorité plus importante dans nos quotidiens. Nous sommes maîtres de nombreux paramètres qui peuvent influer positivement ou négativement sur nos défenses immunitaires.

Évoquons maintenant l'effet nocébo, l'opposé du placébo dont vous avez sans doute entendu parler. Dans l'effet placébo, un patient qui est malade ou qui se croit malade se voit prescrire un médicament qui n'a aucun principe actif. Au bout de quelque temps le patient paraît aller mieux. Il y a une dimension psychologique indéniable dans le combat contre la maladie. On recommande ainsi la posture psychologique du combattant aux malades du cancer pour compléter leurs traitements.

Dans l'effet nocébo on observe que des individus qui se nourrissent excessivement d'informations médicales inquiétantes, les hypocondriaques de l'ère internet, finissent par aller moins bien, psychologiquement, et même physiquement. On peut par exemple faire un lien avec les études qui ont démontré une relation entre le stress et la baisse des défenses immunitaires. La recommandation est de ne pas passer trop de temps devant les chroniques médicales des chaînes et des radios d'information ou sur des sites internet spécialisés. La pandémie a augmenté ces risques par surexposition à des heures de débats médicaux répétitifs et non conclusifs, puisqu'il faudra des mois ou des années pour bien comprendre tous les aspects de ce nouveau virus.

La salutogénèse porte sur le salut de l'être humain en prenant soin préventivement de son hygiène de vie. Les maladies s'évitent tout autant qu'elles se soignent.

Clé 8

FAITES DE L'EXERCICE PHYSIQUE AU MOINS TROIS FOIS TRENTE MINUTES PAR SEMAINE

Lors de nos travaux de recherche sur des entrepreneurs en difficulté à l'Université Paris Dauphine, nous n'avons pas mis en évidence que les entrepreneurs sportifs rebondissaient mieux que les autres. Le sport était parfois source de petites victoires bonnes pour le moral, mais notre protocole de recherche ne permettait pas une analyse pertinente de cette question.

La décision d'accorder vingt pour cent du temps de stages à des séances sportives dans les activités du CREDIR, via des ateliers pilotés par des coaches sportifs de haut niveau (cinq ans d'études universitaires), n'était pas liée à des prescriptions de santé. Nous avions compris que le monde du sport professionnel offrait de parfaits exemples de la pratique du rebond. Un sportif de haut niveau alterne les victoires, les blessures et les échecs. Les ateliers de sport du CREDIR permettent rapidement de faire comprendre à chacun, sportif ou non, que les progrès rapides enregistrés sur des activités simples sont d'excellents facteurs de motivation. On reprend confiance en constatant qu'on progresse rapidement, dans la gaieté, lors d'activités physiques où l'on se croyait inapte.

C'est sans doute une des plus belles surprises de notre projet CREDIR. Les ateliers de sport font l'unanimité. En plus de sept ans, nous n'avons enregistré qu'une seule réaction négative. Il s'agissait d'une jeune cheffe d'entreprise, en situation d'épuisement aigu, notamment cognitif, à qui ces séances rappelaient trop de mauvais souvenirs scolaires. Face à ce cas, combien d'expériences mémorables, par exemple quand un malade de la sclérose en plaques se remet au sport sur les conseils des coaches et que son état de santé physique et psychologique s'améliore, ou quand une quadragénaire atteinte d'une malformation des genoux parvient à faire de grandes randonnées.

Quand les activités sont bien conçues et bien menées, tout le monde peut trouver du plaisir dans l'exercice physique, en particulier ceux qui se sont éloignés du sport depuis des années. Tout le monde peut faire de l'exercice, même avec un budget très modique, en plein air ou chez soi, avec quelques accessoires à acheter pour beaucoup moins de cent euros dans un magasin de sport.

Ayant constaté cette accessibilité et cette joie dans des activités sportives, nous pouvons donc intégrer ce facteur clé maintenant, et sans scrupule, sans crainte de faire souffrir des personnes éloignées de la pratique sportive depuis des années, et avec enthousiasme.

Les spécialistes médicaux préconisent plusieurs séances de sport par semaine. Si on souhaite à la fois des bénéfices physiques et psychologiques, une séance unique par semaine ne suffit pas. Il va falloir trouver le moyen d'intégrer une ou deux séances de sport en dehors du week-end, ce qui pose d'importants problèmes de compatibilité pour des personnes qui sont très longtemps absentes de leur domicile, chaque jour ouvré. Nous pensons donc que les employeurs doivent s'en préoccuper, soit en mettant en place une salle de sport, soit en organisant des activités sportives au départ du lieu de travail.

La période de confinement générée par la pandémie de 2020 a aussi permis de mieux identifier comment il est possible de faire du sport à domicile. La possession d'appareils comme des vélos d'appartements, des rameurs, des tapis de course, aide à se discipliner et à se fixer des objectifs quantitatifs (nombre de mouvements, temps passé, etc.) Quand on n'en possède pas, on peut proposer à des proches de planifier des séances de sport par vidéo. On peut également s'intéresser aux applications de coaching sportif via des applications numériques. L'essentiel est sans doute de ne pas se trouver seul sans accompagnement matériel ou humain, car il sera souvent difficile de se discipliner et de ne pas reporter les séances. Une explication de ne pouvoir faire du sport par manque de moyens financiers ne paraît pas justifiée.

Avant de reprendre un sport après une longue phase sans pratique, il est vivement recommandé d'en parler à son médecin traitant. Des examens complémentaires pourraient être utiles, notamment sur le plan cardiaque. Il sera également nécessaire de se documenter sur d'autres recommandations de durée maximale des séances, de contrôle du rythme cardiaque, d'hydratation, de non pratique quand on se sent un peu malade, etc.

Avant de clore ce chapitre, il est important de prendre conscience de l'utilité de ces séances au-delà des bénéfices physiques pour le corps. Ces séances vont générer la sécrétion de neuraux transmetteurs qui vont faire du bien au cerveau. Si vous pratiquez modérément, vous ne le sentirez peut-être pas, mais si vous vous prenez au jeu, et si vous faites de belles séances de sport d'endurance (course, natation, vélo) en dépassant une heure d'affilée, vous percevrez ce bien être psychologique. Ajoutons également que cette pratique sportive va impacter favorablement vos défenses immunitaires.

Les bénéfices sont tellement importants qu'on se demande pourquoi tant d'individus ne pratiquent pas. Il y a sans doute une image donnée par le sport professionnel. Quand on pratique le sport comme un métier, il est très rare que l'on n'ait pas progressivement sculpté son corps. Beaucoup d'entre nous considèrent sans doute qu'ils n'ont pas le corps pour faire tel ou tel sport.

Il faudrait plus de temps pour développer ces analyses. Mais il en est une qui me concerne directement et que j'ai si souvent partagée avec d'autres. Quand le moral est moins bon, quand l'épuisement guette, la tendance est à la réduction des séances de sport, alors que c'est précisément à ce moment-là qu'elles seraient les plus bénéfiques. Certains d'entre nous vivent des retournements où s'enchaînent les difficultés, les épuisements, les insomnies, les manques de neurotransmetteurs parce qu'on ne fait plus de sport, les tentations addictives ; un véritable cercle vicieux... Le seul remède que nous proposons c'est la surveillance par un tiers bienveillant. Cela peut être un coach sportif, un conjoint, un proche. Cela nécessite d'intégrer dans le quotidien de ses pensées un autre élément clé, la compréhension que l'isolement est un des facteurs les plus dangereux pendant ces périodes de transition.

Clé 9

HYDRATEZ-VOUS ET NOURRISSEZ-VOUS SAINEMENT

Comme pour la pratique sportive, il est vraiment difficile pour certains de garder une bonne discipline d'hydratation mois après mois, années après années. Pourtant c'est tellement simple. C'est tellement évident que l'on se sent plus mal, quand on boit peu d'eau, ou quand on boit trop de ce qui n'est pas de l'eau (alcools, boissons sucrées, etc.)

La pandémie et la préparation d'ateliers de formations avec les médecins du CREDIR ont permis de rafraîchir les mémoires.

Quand on boit beaucoup d'eau on fait davantage fonctionner ses reins. Il faudra plus de passages aux toilettes dans les premiers jours, mais cela ne durera pas forcément car le corps a des facultés d'adaptation formidables.

Le rein joue un rôle capital dans le nettoyage du corps, en particulier du système sanguin. Des reins qui fonctionnent bien favorisent une meilleure santé et une meilleure immunité. Les recommandations habituelles sont d'un minimum d'un litre et demi par jour. Mais il ne faut pas hésiter à aborder cette question avec son médecin traitant qui pourra affiner ce conseil en fonction de votre état spécifique de santé.

La plupart de nos lecteurs et auditeurs sont habitués à mesurer différentes données dans leur vie professionnelle. Mais ils ne le font pas bien pour la quantité d'eau bue dans la journée. Il est difficile de contrôler cette quantité bue avec des contenants multiples. Le mieux est de remplir une bouteille en début de journée et de s'assurer qu'elle est vide en fin de journée, au besoin avec un remplissage intermédiaire si elle est de petite capacité. Circuler avec sa bouteille d'eau protège mieux contre les oublis.

Vous avez bien lu, c'est de l'eau qu'il s'agit. Méfiez-vous des rajouts de sucre et d'alcool. Ils n'ont pas de bénéfices pour vos reins. Ils en ont davantage pour leurs producteurs, dont certains jouent sur des mécanismes addictifs dont nous parlerons au prochain chapitre. Vous pouvez aromatiser votre eau si vous vous lassez. Par exemple le thym peut être utilement ajouté à votre boisson froide ou chaude. Cette plante soulage des affections respiratoires et intestinales. C'est un anti-infectieux et un stimulant de l'immunité.

Après le conseil simple sur l'hydratation minimale, donner des conseils diététiques en quelques lignes est plus complexe, d'autant qu'il faut trouver un juste équilibre entre ce qui est bon pour le corps et ce qui satisfait l'esprit. Il faut éviter de trop se priver et se faire souffrir quand l'objectif principal est un rebond professionnel et global. Nous vous renvoyons donc vers d'autres lectures et surtout vers des consultations de spécialistes (médecins, diététiciens) si vous ressentez des difficultés dans ces domaines. Néanmoins voici quelques remarques et conseils hérités de nos rencontres au sein du CREDIR.

Dans une période de transition délicate, il est fréquent de constater des variations rapides de poids chez les individus. Certains perdent du poids et cela devient préoccupant. D'autres prennent du poids, parfois trop. La recommandation est d'avoir la sagesse de se peser, de ne pas se voiler la face, et d'avoir le réflexe de consulter un médecin. Certaines variations de poids sont logiques. Le confinement pendant la pandémie a limité les mouvements et augmenté les tentations vers le réfrigérateur. La majorité des confinés dans les pays développés auront pris plusieurs kilos et les reperdront facilement. Mais certains auront trop pris et mettront du temps à retrouver la ligne. Nous conseillons là aussi de ne pas lutter seul, car certains régimes sont dangereux sur les plans physiologique et psychologique (risques de phases de dépression).

Au-delà du contrôle des quantités ingurgitées et de la recherche de mets équilibrés, voici quelques autres conseils potentiellement utiles.

Le contrôle de la satiété est une fonction plus complexe qu'on ne le pense dans le fonctionnement du cerveau. Manger en faisant autre chose, par exemple des activités digitales, limite la capacité du cerveau à réguler ce qui est ingurgité. Le risque de manger plus est constant, car vous êtes moins conscients que vous avez avalé une quantité suffisante. Par ailleurs il a été démontré que la digestion est moins bonne quand on ne visualise pas bien ce que l'on mange.

Il faut éviter trop d'aliments sucrés au dîner ou après le dîner. Les fluctuations rapides de glycémie vont générer la sécrétion d'hormones, comme le cortisol, qui sont défavorables pour une bonne qualité du sommeil. Prière aux gourmands de sucré de privilégier le petit-déjeuner, le déjeuner voire le goûter, mais de se limiter le soir.

Certains lecteurs se sentent peut-être en surpoids et se demandent si la grossophobie n'est pas au rendez-vous dans certains cénacles. Quand on rencontre des personnes qui cherchent à rebondir, dans des situations d'assistance ou dans des opérations de recrutement, le teint et la vitalité d'un visage sont plus importants qu'un tour de taille. Avec une mauvaise hydratation et une mauvaise diététique, il est fréquent que cette santé en demi-teinte soit facilement visible. Il y a donc tout à gagner, non pas à faire des régimes, mais à être bien dans sa peau, et à le montrer et à le faire savoir.

Les métaphores sont souvent parlantes. Dans ce sujet passionnant de la diététique, les paramètres sont multiples. Comparons le corps humain à une voiture de F1. Pour la compétition automobile, les carburants et les lubrifiants vont être optimisés avec une précision d'horloger. N'ayez pas d'inquiétudes, il ne s'agit pas de remplir le corps humain d'additifs ou de compléments alimentaires ! Plus on se nourrira sainement, avec des ingrédients naturels que l'on prépare soi-même, plus on mettra des opportunités de bonne santé de son côté. Mais il y a des paramètres importants comme les apports nutritifs différenciés des aliments, les quantités, les horaires, les associations, le visuel des plats, qui vous permettront d'optimiser le fonctionnement de votre corps, à l'instar du réglage du régime d'un moteur thermique. Les paramètres sont tellement complexes que le recours ponctuel à un spécialiste est souvent une bonne idée. Mettez un médecin ou un nutritionniste dans votre staff.

Quand on compare le corps humain à un moteur de F1, nous oublions que notre corps n'est pas aussi bien entouré qu'un bolide monoplace, avec une équipe nombreuse et multidisciplinaire de techniciens de haut vol. Seuls les grands athlètes dans certains sports de haut niveau, où l'argent coule à flots, peuvent se permettre d'avoir une telle équipe à leur côté.

Changeons donc de métaphore pour le corps humain et pensons au smartphone. Ancien de l'industrie des télécommunications, j'ai vraiment connu toutes les évolutions technologiques. Les premiers téléphones mobiles arrivaient dans des boîtes volumineuses avec des batteries amovibles, des chargeurs, mais surtout des livrets d'instruction. Pendant longtemps, j'ai lu ces livrets, curieux de toutes les nouvelles fonctionnalités. Aujourd'hui, c'est fini. D'une part le manuel n'est plus fourni physiquement et d'autre part une lecture exhaustive du manuel téléchargé sur internet est de plus en plus rare. Nous avons donc entre les mains des appareils ultra-sophistiqués dont nous ne connaissons pas toutes les capacités.

Quid de notre corps humain ? Qui a reçu, quelle que soit l'époque où il vivait, une notice d'utilisation ? Si elle existait, qui pourrait s'en servir, tellement elle serait volumineuse ? Alors nous faisons comme si elle n'existait pas, et nous nous contentons souvent de la rubrique « pannes » ou du mot anglais « troubleshooting » qui m'a toujours inspiré car il est plus figuratif : « on tire avec une arme sur un problème ». On est loin de l'action préventive et de la salutogénèse !

Avec ce chapitre qui traite de la question des carburants liquides et solides du corps humain, et avec la plupart des trente-deux autres, ce petit livre est sans doute une maigre contribution à l'extrait du manuel d'utilisation du corps humain que nous serions bien inspirés de consulter plus souvent.

Clé 10

VEILLEZ À VOUS PRIVER DE PLAISIRS ADDICTIFS AU MOINS UNE JOURNÉE D'AFFILÉE

Si vous n'avez jamais, au cours de votre vie, succombé à un plaisir rationnellement inutile, avec une envie rapide de répétition, alors vous pouvez sans doute vous épargner la lecture de ce chapitre.

Mais si vous connaissez les tentations suivantes et qu'elles ne relèvent pas uniquement d'un passé très lointain, alors vous pouvez poursuivre dans ce chapitre : la cigarette de plus, ou celle que vous ne devriez pas fumer parce que vous avez arrêté, le verre d'alcool seul parce que le moral est mauvais, l'achat compulsif d'un bien dont vous n'avez pas réellement besoin mais qui vous procure un plaisir, la consommation d'une tablette complète de chocolat, etc. Nous ne détaillerons pas des pratiques similaires dans le domaine des drogues ou de la sexualité, parce que l'addictologie est une spécialité médicale, et que la consultation d'un médecin sera toujours plus efficace que la simple lecture de ce livre.

C'est sans doute déjà très bien de reconnaître que oui, même à vous, même à moi, cela a pu arriver ou peut encore arriver.

Il paraît important de réfléchir d'abord simplement, en mettant de côté les considérations éducatives, culturelles, philosophiques, religieuses, liées aux interdits ou aux excès. Quid de la gourmandise ? Qui n'a pas, en lisant ces lignes, un met ou une boisson qui le fait saliver uniquement en y pensant ? Cette envie peut être liée à des souvenirs d'enfance, la fameuse madeleine de Proust, ou à des découvertes d'un goût inconnu dans un contexte de bonheur, comme un fruit exotique lors d'un voyage enchanteur, ou à un aliment préparé par un industriel qui cherche à générer un processus addictif. Notre corps humain est doté d'une très haute technologie de reconnaissance et de satisfaction en matière de goût. C'est au contact de grands sommeliers que j'en ai davantage pris conscience, parce que, là aussi, je ne connaissais pas bien le mode d'emploi de mon propre corps. Notre langue, munie d'environ dix mille papilles a des zones qui ont des sensibilités différentes. Le bout de la langue est sensible au sucré. Les côtés de la langue sont sensibles au salé et à l'acidité. Le fond de la langue est sensible à l'amertume. Quand un sommelier explique comment les goûts du vin impactent ces outils de détection, on comprend mieux le raffinement de cette partie du corps humain, et les raisons de la gourmandise.

Imaginons les circonstances dans lesquelles vous pourriez surconsommer cet aliment que vous aimez tant. On peut se laisser tenter dans une assemblée élargie, où il n'y a pas quelqu'un qui semble surveiller les quantités que vous ingurgitez, où simplement parce que le contexte est très festif. Cela peut nous toucher quand nous sommes seuls : personne ne nous surveille… La mémoire, souvent inconsciente, de nos petits larcins d'enfants est présente. Les doigts dans le pot de confiture, comme on disait.

Il peut aussi y avoir des situations où le moral est bas et où cette consommation va constituer une compensation. Le phénomène sera encore plus fréquent quand il s'agit d'une substance (alcools, drogues) qui va modifier les perceptions de notre cerveau et potentiellement transformer notre vision de la situation qui deviendrait moins noire l'espace d'un instant plus ou moins long.

J'ai la chance de n'avoir jamais vécu d'addictions pour de l'alcool ou des narcotiques. Les addictions ont peu d'effets sur mon cerveau, juste sur mon tour de taille ! Cela ne m'empêche pas d'avoir parfois envie d'alcool, notamment pour faire la fête ou pour compenser une situation trop triste. Il y a eu des soirs de pandémie, avec des annonces de proches en danger, qui ont conduit à boire le verre de trop. C'est un sujet qui a été souvent abordé au cours des formations données pendant cette période dans les entreprises. Nos messages étaient clairs : pas de privations excessives, pas de prohibition. Le moral, une illusion de liberté à l'heure où les mouvements ou les rencontres étaient contraints, est plus important qu'un tour de taille ou qu'un degré d'alcoolémie à domicile, s'il ne génère pas de violences.

Mais il y a une condition essentielle : sachez vous arrêter quand vous le voulez. Gardez la volonté et la capacité de ne pas consommer le lendemain et le surlendemain. Aucune substance, aucun met, ne prend le pouvoir sur moi. Je garde ma liberté de dire non. Si je me laisse aller un jour, je suis toujours capable de me priver les jours suivants.

En période de grosse contrariété, pendant une crise collective, comme la pandémie, ou face à des problèmes individuels, les personnes qui ont une consommation quotidienne semblent davantage en danger de surconsommation, car ils vont être tentés d'augmenter les doses quotidiennes.

Si vous sentez que vous êtes en train de flancher, parlez-en le plus tôt possible à un proche bienveillant, puis rapidement à votre médecin traitant. Je ne pense pas prononcer une contre-vérité en déclarant que toute addiction a eu un début. Je pense ne pas me tromper davantage en disant que la lutte contre une addiction ne peut se faire entièrement sans participation active de l'individu. La reconnaissance du problème est donc essentielle. Plus l'anticipation sera importante, plus le contrôle de la situation dangereuse sera facilité.

Ne vous privez pas mais gardez le contrôle.

Clé 11

METTEZ VOTRE CERVEAU EN PAUSE NUMÉRIQUE PLUSIEURS FOIS PAR JOUR

Le cerveau humain est un organe merveilleux. Même si quelques ordinateurs sont capables de le battre aux échecs, ces mêmes ordinateurs ne sont pas capables de gérer une rencontre amoureuse. Nous sommes très loin de voir une machine dépasser le cerveau humain sur tous les axes de ses capacités, par exemple sur chacun des cinq sens. Nous savons aussi que cet organe est plastique. On a ainsi découvert une modification anatomique d'une zone qui pilote le mouvement des pouces, évidemment chez des utilisateurs de smartphones. Il y avait la bosse des maths. Maintenant il y a la bosse des pouces !

Pourtant cet organe a de cureuses déficiences. Par exemple, contrairement à la plupart des autres organes du corps humain, il n'a pas de nerfs. Donc nous avons du mal à percevoir quand il est en souffrance. On peut vivre avec une tumeur de la taille d'une orange dans la tête sans être conscient de douleurs ou de gênes.

Un autre défaut curieux : faute de mode d'emploi, nous ne savons pas bien mesurer certains critères de fonctionnement qui seraient dangereux.

Prenons un exemple simple : deux lecteurs d'un même journal. Le premier a le journal papier entre les mains. Son cerveau pilote des mouvements de mains, de la tête, des yeux, mais le rythme de ces actions de pilotage est modéré car il y a une grande surface de lecture. Le second lit ce même journal sur son smartphone. L'espace de lecture est tellement réduit que le cerveau est en permanence en veille active pour anticiper la disponibilité du passage suivant. Cet appareil multitâches va en outre générer des sollicitations avec des notifications ou des liens hypertextes inclus dans le corps de l'article, que ce soient des publicités ou des sources complémentaires d'information.

C'est intuitif et cela a été démontré sous IRM[13] : l'activité électrique du cerveau est beaucoup plus importante en consultant le journal sur le smartphone, alors qu'il s'agit de la même quantité d'informations lues. Une limite aurait-elle été franchie ? Serait-ce trop fatigant pour ce cerveau ? D'ailleurs existe-t-il une limite ? On dit souvent que le cerveau est plastique et qu'il est doté d'une remarquable faculté d'adaptation. On le constate par exemple quand des personnes victimes d'un AVC parviennent à récupérer une fonction telle que le langage, alors que la zone ad hoc de leur cerveau semble nécrosée définitivement. Mais le cerveau fatigue et possède sans doute un régime maximum d'utilisation. Tout ceci reste à affiner par la poursuite des recherches neuroscientifiques. Les spécialistes nous rappellent souvent qu'on ne connaîtrait encore aujourd'hui que cinquante pour cent des mystères du cerveau humain.

Il est souvent nécessaire d'utiliser des métaphores même si elles paraîtront parfois trop simplistes à des spécialistes. Notre cerveau est hyperactif devant les outils numériques. Cela se constate sur les IRM qui visualisent des intensités électriques. Quand on a gardé de ses cours d'électricité quelques souvenirs, on imagine que cette intensité électrique pourrait générer un échauffement. Si l'on parle de surchauffe cérébrale, c'est plus une image qu'une réalité mesurée, ou surtout mesurable. Si elles existent, il ne s'agirait que de variations minimes. Mais l'image de l'échauffement est intéressante. Un organe qui chauffe trop longtemps ou qui surchauffe, ce n'est peut-être pas bon, comme pour un moteur ou un ordinateur. Nous en saurons probablement plus dans les années à venir, car les progrès des neurosciences sont constants et rapides. Mais la prudence serait sans doute utile, non seulement sur l'intensité de sollicitation de cet organe, mais aussi sur les rayonnements qu'il subit.

Parfois ce sont des évènements fortuits qui font avancer la science. La

13 Imagerie par Résonance Magnétique

période de pandémie nous en a donné l'opportunité. De nombreux télétravailleurs se sont mis à expérimenter une fatigue exceptionnelle en fin de journée. Ce sont souvent ceux qui ont passé plus de six heures connectés chaque jour, notamment en vidéoconférence. Il semblerait que l'attention nécessaire pour détecter le comportement d'interlocuteurs en vidéo nécessite des efforts et une consommation d'énergie beaucoup plus grande que quand on est en présence physique des personnes en réunion.

Je suis un amoureux des outils numériques. J'ai eu la chance d'avoir un des premiers ordinateurs portables dès le début de ma carrière professionnelle. Je ne m'en suis plus jamais séparé à la maison ou au bureau. Je me suis toujours rué vers les nouveaux appareils. Mais je n'ai jamais ressenti la même fatigue que pendant cette période de confinement, avec des conférences et des formations à longueur de journée. Mon travail de thèse et la rédaction de cinq cent vingt pages avaient pourtant représenté de longues journées devant des écrans. Je n'avais jamais expérimenté la fatigue que je ressens après une demi-journée en visioconférence, surtout si je suis le conférencier.

La grande question est de savoir, comme pour la bosse des pouces, si notre cerveau va s'adapter et va surmonter la fatigue liée à une nouvelle utilisation. Ne devrions-nous pas faire jouer le principe de prudence ? Tant que nous n'avons pas de réponses précises, le meilleur conseil est sans doute de recommander des pauses digitales régulières. Les opérateurs de vidéoconférences évoquent quatre-vingt-dix minutes de durée maximale. Pour des développeurs informatiques, le seuil retenu a souvent été de cent vingt minutes. Expérimentez... Mais nous vous conseillons d'éviter des demi-journées sans interruption. Il faudrait au moins trois pauses sur une journée de travail de huit heures en permanence devant un écran.

Même si beaucoup d'aspects de fonctionnement du cerveau restent incertains, comme la fatigue ou la surutilisation, les neurosciences apportent un éclairage intéressant à travers deux situations de nos vies.

Les spécialistes du sommeil ont montré que l'hyperconnexion jusqu'à l'heure de l'endormissement aboutissait à un sommeil de qualité détériorée, notamment avec des réveils précoces. Il faut savoir arrêter le numérique de trente à quatre-vingt-dix minutes (suivant les auteurs) avant d'aller se coucher. En fin de journée la pause s'impose!

Des méditants, comme le moine bouddhiste Matthieu Ricard, ont été placés sous IRM. Les médecins ont été très étonnés de la capacité de la méditation à réduire l'activité électrique du cerveau. Des études ont également montré que la méditation favorisait les capacités immunitaires. Quand on sait également que ces capacités sont altérées par le stress, on commence à rassembler des indices multiples pour recommander de ne pas dépasser certains niveaux de sollicitations du cerveau.

L'addiction numérique fait désormais partie des compétences d'un médecin addictologue. Ces pauses digitales pour reposer notre cerveau ne sont donc pas si faciles à pratiquer. L'envie de finir une tâche, qu'il s'agisse d'un mail ou d'un post à achever, d'un jeu vidéo ou de l'attente de nouvelles telles que des résultats sportifs, va nous scotcher sur notre écran, notre manette, notre souris, ou notre clavier. Il est important de partager des objectifs de pauses à accroître avec des proches, au travail ou au domicile, pour être un peu soutenu ou rappelé à l'ordre.

Face à l'afflux de professionnels de plus en plus jeunes au CREDIR, avec des problèmes d'épuisement, de burn-out ou d'incidents cardiovasculaires, on mesure combien la réduction progressive du sommeil et l'addiction numérique sont des facteurs d'inquiétude. L'intensité de l'usage numérique actuel est-elle compatible avec une vie professionnelle de quarante ans et une vie digitale de quatre-vingts ans?

Soyons prudents. Ne surchargeons pas les zones du cerveau très sollicitées par l'usage numérique. Rappelons-nous que notre cerveau est doté de tant d'autres fonctions qui nous font par exemple aimer la musique, les œuvres d'art ou les merveilles de la nature. Pour réussir ce marathon du rebond, et pour s'épanouir dans la course de la vie, faites comme les coureurs de fond. Ne vous contentez pas de multiplier les kilomètres de jogging, ou plutôt les heures passés sur vos outils numériques. Faites d'autres exercices, non numérisés, pour consolider certains muscles, ou plutôt certaines fonctions de votre cerveau.

Clé 12

PRENEZ DAVANTAGE CONSCIENCE DE L'IMPORTANCE DE VOTRE RESPIRATION

Nous avons parlé de méditation au chapitre précédent pour illustrer les risques de l'hyperconnexion. Il y a un lien évident avec le sujet de la respiration. Une respiration en pleine conscience est à la base de disciplines comme le yoga ou la méditation, nées dans des époques ou des cultures où l'hyperactivité du cerveau induite par la digitalisation n'était pas encore d'actualité.

Ce chapitre ne serait sans doute pas là sans la période de pandémie et le travail de l'équipe interdisciplinaire de recherche du CREDIR.

Quand on décide de prendre le temps et de retrouver la conscience de sa respiration, on augmente l'apport d'oxygène dans son corps.

L'oxygène est indispensable à notre organisme. Il arrive dans les alvéoles de nos poumons dont les parois sont tapissées de capillaires sanguins. L'oxygène est transféré dans le sang qui irrigue toutes les cellules du corps. Les organes et les muscles l'utilisent pour fonctionner. Le manque d'oxygène dans le sang va léser nombre d'organes, comme le cœur ou le cerveau. Seul un médecin peut se prononcer sur le fonctionnement de votre organisme et la saturation en oxygène. Ces explications visent à comprendre des phénomènes simples mais essentiels.

Le coronavirus a souvent, initialement, les effets d'une pneumonie : la capacité pulmonaire est réduite. Cela se traduit par une baisse de l'oxygène dans le sang et d'autres organes vont être lésés. Un patient qui se sait contaminé, avant une phase de détresse respiratoire qui n'arrivera heureusement pas dans la grande majorité des cas, doit davantage respirer pour donner le maximum d'oxygène à son organisme. Cette crise a pu permettre de se rappeler combien la respiration, si possible au grand air, est importante pour l'organisme.

Notre corps a des besoins élémentaires. Si le manque d'hydratation est détecté par la soif, ou le manque de nutrition par la faim, la sensation de manque d'oxygène et ses effets sont moins perceptibles. Sans compétences médicales sanctionnées par un diplôme, deux constats ont renforcé chez moi cette connaissance de l'importance de la respiration et de l'oxygénation.

Premier constat. Une de mes sœurs est atteinte de BPCO[14] à la suite d'un excès de tabac pendant des années. Il y avait également un mal-être psychologique que les médecins avaient du mal à qualifier et qui paraissait lié à des troubles obsessionnels compulsifs mineurs, et à des problèmes familiaux. Une infection pulmonaire a vraiment failli l'emporter à soixante-cinq ans. Une rémission est intervenue et semble durer, grâce à un apport artificiel d'oxygène via un appareil de respiration. La situation psychologique s'est beaucoup améliorée. J'ai retrouvé la sœur avec qui de longues conversations, souvent remplies d'humour, n'étaient plus possibles depuis des années. Très proche d'elle, j'ai l'impression de voir sous mes yeux les bienfaits de l'oxygène sur son fonctionnement cognitif, sachant que ma sœur n'a pas de traitements anxiolytiques ou antidépresseurs. La réoxygénation de son organisme semble avoir impacté favorablement son équilibre psychologique.

Second constat. Nous avons reçu au CREDIR des centaines de personnes épuisées globalement, souvent en burn-out. Nous les avons écoutées pendant des heures. Nous avons des dizaines de milliers de pages d'interviews. Il nous semble que les cas sont plus fréquents quand les gens mènent une vie citadine dans des tours de bureaux sans fenêtres. Nous espérons pouvoir un jour mener des tests sur l'oxygénation des espaces de travail. Et si le manque d'oxygène était un facteur de souffrance du cerveau qui induit une souffrance ou plutôt un mal-être au travail ?

Alors, comme nous ne parlons pas d'un complément alimentaire miracle dont on ne pourrait vérifier les effets à terme, c'est sans aucune réserve que notre conseil est de respirer profondément le plus souvent possible, au grand air comme l'énonce le langage commun. Et là, évidemment, certains sont plus chanceux que d'autres, quand ils ne travaillent pas dans un grand building à l'air conditionné, souvent situé dans une agglomération où la qualité de l'air est insuffisante. Mais les bars à oxygène

14 Broncho-Pneumopathie Chronique Obstructive

commencent à arriver, ce qui atteste de la pertinence de nos propos. Mais, avant d'en faire un usage assidu, parlez-en à votre médecin traitant, car certaines pratiques d'oxygénation artificielle peuvent avoir quelques effets indésirables.

Vous ferez du bien à votre corps avec plus d'oxygène, surtout s'il s'agit d'un air naturel. Vous protégerez mieux votre santé grâce à une immunité renforcée par un cerveau moins stressé et moins surutilisé.

Clé 13

FAITES ATTENTION À VOTRE IMAGE

Vous traversez une période compliquée de transition et de volonté de rebond. Vous avez tendance à être énervé par le temps consommé pour des tâches comme la réassurance des proches, souvent perçues comme inutiles.

S'il est une façon relativement aisée de limiter cette surcharge, c'est bien en apportant un soin particulier à votre aspect physique pendant ces périodes difficiles.

Il ne s'agit pas ici d'aller jusqu'à se confier à des coaches en relooking qui s'occupent, par exemple, de personnes en recherche d'emploi ou de célibataires en quête de la nouvelle histoire d'amour.

Mais vos proches observent simplement votre aspect physique en le comparant à ce qu'ils ont mémorisé comme étant votre aspect habituel.

Si vous êtes relativement jeune et préservé de cernes indélébiles autour des yeux, un état de stress ou de fatigue va sans doute se traduire par des signes dans cette partie de votre visage.

Mais d'autres signes sont perceptibles pour tous ces gens, qui vous énervent en vous scrutant dès qu'ils vous croisent. Ce ne sont pas devenus des ennemis (en tout cas pas tous, on en reparlera). Ils s'inquiètent simplement de la façon dont vous traversez ces périodes de forts enjeux liés aux changements, voire aux difficultés. Si vous êtes atteints de petites difficultés récurrentes, elles se voient souvent davantage dans ces moments-là, notamment parce que nombre d'entre elles sont influencées par votre niveau de stress : eczéma, ongles rongés, addictions au tabac, à la boisson, à la nourriture, voire même au smartphone, etc.

Il ne faut pas placer la barre trop haut, car cela risquerait de vous stresser encore davantage.

Tout d'abord, prenez le temps de vous regarder et de vous pomponner devant le miroir de votre salle de bains. Cela concerne bien entendu tout le monde, pas uniquement les personnes coquettes. Il existe aujourd'hui des cosmétiques, qui permettent aussi aux hommes, de soigner le tour de leurs yeux et d'atténuer les traces du stress et des insomnies. Si les évènements récents ont vraiment laissé des traces importantes, repoussez l'arrivée sur le lieu de travail et allez faire un peu d'exercice physique, si possible dehors.

Cette scrutation du visage le matin peut également sauver votre vie. En période de transition, avec des défis importants, les risques cardiovasculaires sont plus élevés. Avez-vous rencontré une victime d'AVC grave qui avoue qu'il n'avait pas attaché l'importance nécessaire à une lèvre ou à un œil de travers, signe avant-coureur du gros accident de santé qui nécessitera des mois de convalescence ? Moi si. Plusieurs. Cela a failli leur coûter la vie. Cela leur a coûté des mois de rééducation.

À propos d'horaires, veillez à analyser votre rythme de bonne forme et de méforme dans ces journées assez lourdes. Que cela soit lié à la caféine, à la glycémie, au biorythme, nous avons tous des fluctuations d'énergie dans la journée, et cela semble s'accentuer avec les années qui passent. Fixez alors vos rendez-vous importants à ces horaires, et évitez de rencontrer un banquier ou l'avocat de votre ex pour la garde des enfants après le déjeuner, en pleine digestion !

Pour les autres difficultés, pensez à aller revoir votre dermatologue pour que vos affections de peau corrélées au stress soient mieux sous contrôle, pensez à consulter un addictologue pour le tabac ou l'alcool. Dans ces phases de transition, les risques d'augmentation de votre addiction sont importants.

Nous avons abordé dans le chapitre sur l'hydratation et la diététique la question du poids. Reprenons la sous un autre angle, car c'est un signe extérieur assez visible auquel la société attache trop d'importance.

La perte de poids est un sujet à traiter immédiatement avec son médecin. Elle peut cacher d'autres pathologies ou constituer le réveil de problèmes anciens, que l'on croyait définitivement traités (anorexie).

La prise de poids peut venir de différentes origines. En voici deux, qui paraissent les plus fréquentes.

L'addiction peut se porter sur la nourriture et l'alcool, qui fait beaucoup grossir. Quand j'étais confronté à des huissiers ou à la justice commerciale, j'avais pour habitude de me précipiter dans une pâtisserie pour satisfaire ma gourmandise et compenser le stress. Bilan : plus dix-sept kilos en quelques mois, d'autant plus que la fatigue due aux insomnies limitait alors la pratique du sport.

Un autre point moins connu concerne les conséquences du stress sur l'embonpoint. De nombreuses études scientifiques, chez les humains, mais aussi chez les singes, montrent qu'une personne stressée fait de la rétention de graisses, notamment au niveau de l'abdomen.

Même si vous avez envie de vous laisser aller en espérant vous reprendre en mains quand les soucis auront diminué, il est difficile de faire abstraction du regard des autres.

Toutes les altérations de l'aspect extérieur risquent de donner lieu à des observations et à des interprétations, qui ne manqueront pas de vous stresser encore davantage.

Là aussi, quand on perd pied, et si possible avant, il est impératif de se confier à son médecin de famille et de compter sur un regard bienveillant parmi les proches qui sera le thermomètre de votre image, un thermomètre que vous n'aurez pas envie de briser parce qu'il affiche une valeur qui vous déplaît. Ces personnes font partie de votre staff de marathonien du rebond.

Clé 14

SOYEZ TRÈS VIGILANT SUR LES MESSAGES DE VOTRE ENVIRONNEMENT PROCHE

Les politiques de prévention des risques sont souvent nées de l'analyse de grandes catastrophes industrielles ou aériennes. Dans ce domaine comme dans celui de l'intelligence économique, la prise en compte des signaux dits faibles est recommandée pour éviter que des situations périlleuses ne se prolongent en catastrophes.

Qui n'a pas été le témoin du décès d'une personne dont le cancer a été détecté trop tard, alors que des signes avant-coureurs s'étaient pourtant manifestés ? Si vous souhaitez vivre longtemps, écoutez vos proches s'ils vous font des remarques sur votre état de santé, écoutez et regardez votre corps qui vous adresse des signaux, veillez à faire des check-ups réguliers.

Ces signaux faibles sont potentiellement multiples dans la vie personnelle : le regard fuyant d'un adolescent, ses absences répétées à table, les rendez-vous manqués avec l'être aimé, les répétitions des mêmes messages par les amis, les petites déceptions intimes, etc. Il faut apprendre à gérer le bon équilibre entre un éveil suffisant à ces signaux, et une forme de paranoïa qui conduirait à épier ses proches. Cet équilibre sera sans doute plus facile à trouver à froid que pendant une période de transition ou d'échec.

Écouter et observer les autres, détecter des changements dans leurs attitudes, c'est encore plus utile en entreprise. Les interlocuteurs sont souvent plus nombreux que dans la sphère personnelle. La bienveillance n'est pas toujours au rendez-vous, car des situations de concurrence interpersonnelle sont assez fréquentes. Ces relations sont rendues plus complexes en cas d'absence d'unité de temps et de lieu. Quand les échanges se font par courriel, les interlocuteurs ne sont pas en face les uns des autres et les communications sont désynchronisées.

C'est donc un système complexe de communication qu'il convient de décrypter. Pour ne pas y consacrer toute son énergie, il est bon de se rappeler qu'il s'agit uniquement de détecter des variations d'attitudes, qui constitueraient des signes avant-coureurs d'une mise en danger dans la fonction actuelle.

Souvent les signaux faibles n'ont pas été détectés, et il faut du temps pour admettre les signes forts, créés par une rupture pure et simple de la relation, parfois ancienne, qui pouvait dépasser le strict cadre professionnel.

La démission d'un collaborateur doit toujours faire l'objet d'une analyse rigoureuse. Le motif avancé est-il plausible ? Si une personne clé et performante de l'organisation s'en va, les motivations personnelles doivent être suffisamment claires, sinon cela pourrait cacher une perte de confiance dans les perspectives de l'entreprise.

L'analyse approfondie des faillites d'entreprises que j'ai pu conduire lors de ma thèse a montré que beaucoup d'entreprises auraient pu être sauvées, si les signaux négatifs avaient été interprétés comme des alertes et des appels à agir en profondeur. Cette affirmation est valable pendant une période économique stable. Les signaux faibles sont évidemment plus difficiles à détecter face à une pandémie, une catastrophe naturelle ou la faillite d'une grande banque.

Pour ceux qui ne sont pas familiers de la gestion d'entreprise, il est intéressant d'attirer l'attention sur toutes les charges qui sont à payer avec un grand décalage par rapport aux évènements. C'est notamment le cas de toutes les charges salariales et sociales. Un créateur d'entreprise verra par exemple certaines charges lui être imputées pour leur montant réel de nombreux mois après la création de l'entreprise. Une grande entreprise verra aussi certaines charges sociales et fiscales être payées par trimestre ou par an. Comme les clients payent rarement leurs factures immédiatement, la gestion des trésoreries d'entreprises, même des très petites, est un exercice dont on méconnaît souvent la complexité.

Quand une entreprise commence à avoir des fins de mois difficiles, il est fréquent de voir les dirigeants trouver des explications ponctuelles, et lancer des campagnes de relance de clients pour faire rentrer de l'argent. Si la trésorerie est tendue, c'est donc à cause des clients, ou de tel organisme qui a pu se tromper dans son relevé de charges.

Or une première alerte de trésorerie délicate, c'est justement un signal faible qui doit donner lieu à une analyse en profondeur. Si l'entreprise n'a jamais eu de fins de mois difficiles dans les années précédentes, la difficulté ne vient peut-être pas d'un problème ponctuel, mais peut-être d'une baisse structurelle de la profitabilité?

De nombreux travaux de recherche montrent que les difficultés graves des entreprises, pouvant conduite à la faillite, viennent majoritairement de résultats commerciaux insuffisants et/ou de problèmes de ressources humaines. Dans ces deux domaines, il est rare de ne pas avoir de signaux faibles longtemps avant les crises graves. Mais encore faut-il être à même de les détecter !

Dans la vie personnelle, il est également possible de mieux anticiper des situations délicates quand on observe et détecte des signaux faibles. Cela peut être le cas avec un jeune qui va décrocher scolairement ou dans un couple menacé de séparation.

Un iceberg a toujours une partie immergée plus importante que la partie émergée. C'est parce que les bateaux d'aujourd'hui ont plus souvent des équipements électroniques de détection qu'il y a moins de naufrages. Mais le facteur humain qui scrute les signes de l'environnement reste un facteur clé pour sauver des vies, des couples, des relations de travail, ou des entreprises.

Veillez donc aux signaux faibles avant-coureurs, aussi bien sur le plan professionnel qu'au plan personnel.

Clé 15

AUTO-DIAGNOSTIQUEZ LES SIGNES DE DÉPRIME

Les connaissances scientifiques des phénomènes dépressifs ont progressé dans les dernières années. Les problèmes dépressifs sont aujourd'hui reliés en majorité à des troubles physiologiques du fonctionnement du cerveau. Cet organe est évidemment le plus complexe du corps humain, à travers la conjugaison de mécanismes physiques (électriques) et chimiques (notamment hormonaux).

Si le mot de déprime traverse votre esprit, s'il est prononcé par un proche ou quelqu'un du corps médical, n'ayez pas peur. Ce n'est probablement pas un problème chronique, puisque cela ne semble pas avoir perturbé toute votre vie de manière répétitive. C'est une maladie temporaire comme une grippe ou une lombalgie.

Il existe de nombreux moyens plus ou moins scientifiques de détecter un état dépressif. Commençons par le plus simple et le plus connu. « Je vois tout en noir ». Cette expression est limpide. On ne dit pas « tout est négatif autour de moi ». Le cerveau traduit une réalité sous forme de vision. Immédiatement, on perçoit que c'est une interprétation, fruit d'une transaction qui met en œuvre des connexions neuronales dans le cerveau. Il peut y avoir un trouble de la vision et de l'interprétation, alors que la réalité observée est différente. Ceci ramène à la maladie ponctuelle.

Le cerveau interprète des réalités, et renvoie des interprétations variables dans le temps d'un même phénomène.

Face à une contrariété simple, comme un train manqué, un courriel désagréable, un appel téléphonique promis qui ne vient pas, la situation est interprétée. L'évaluation va varier dans le temps et dans l'espace. Si vous êtes seuls sans personne avec qui partager, la digestion de cet évènement contraire sera sans doute plus lente. Si vous avez plein d'autres choses à faire, votre mémoire centrale va archiver plus vite cet évènement, parce qu'elle a bien d'autres informations à traiter. Un même évènement négatif peut donc donner lieu à des interprétations très variables chez une même personne en bonne santé.

Dans la dépression, le processus d'interprétation semble perturbé de telle sorte que les situations sont très souvent vues négativement.

Vous pouvez donc percevoir une tendance dépressive, quand votre cerveau vous envoie une série continue d'interprétations négatives de différents évènements, qu'ils soient importants, ou surtout anodins. Le ressenti de la météo est un assez bon signal. Si vous constatez que vous trouvez toujours un élément négatif dans le temps qu'il fait (trop chaud, trop humide, trop de vent, la pluie est annoncée, etc.), interrogez-vous.

Quand vous avez détecté une tendance à interpréter des séries d'évènements et des situations de manière trop négative, la question de la durée du phénomène se pose. Certains thérapeutes utilisent le diagnostic suivant : « tout voir en noir vingt-quatre heures sur vingt-quatre, plusieurs jours d'affilée ». Si vous ressentez les choses ainsi, allez consulter votre médecin.

Il existe de nombreux tests plus précis pour auto diagnostiquer des états dépressifs. Le questionnaire de Beck[15] est facilement accessible sur internet. Il vous permettra d'avoir une idée plus fine sur votre état réel.

L'hygiène de vie consistant à constamment surveiller un état potentiellement dépressif est aussi essentielle que celle consistant à surveiller votre pression artérielle. Comme déjà vu, la dépression va modifier votre interprétation d'une même réalité. Cela va se traduire concrètement dans votre travail ou dans votre vie personnelle. Les preuves sont multiples.

Un dirigeant ou un responsable d'entreprise, qui étudie un cahier des charges pour construire une proposition commerciale afin d'obtenir un contrat important va moins bien interpréter les différentes clauses. Un risque peut être surestimé, et donner lieu à une remise de prix ou à des conditions contractuelles qui vont faire échouer la négociation. Le contraire est également possible. La dépression est accompagnée d'un état de fatigue et de lassitude. Telle clause du cahier des charges va être sous-estimée ou insuffisamment analysée. Les qualités analytiques professionnelles ont tendance à diminuer chez des personnes dépressives.

---

15 Professeur Aaron Beck, psychiatre et Professeur émérite de l'Université de Pennsylvanie.

J'ai été personnellement le témoin ou l'analyste de telles situations quand un grand professionnel découvre, à la sortie de la période de stress intense, qu'il avait mal interprété des documents ou des conversations. C'est souvent une grande souffrance : « mais comment ai-je pu passer à côté de pièges que je connais par cœur après tant d'années d'expérience professionnelle ? ».

Sur le plan personnel une période dépressive fait également courir de grands risques si elle n'est pas prise en mains médicalement assez rapidement. Vous l'avez peut-être vécu : ce n'est pas agréable de vivre avec une personne dépressive. Cette négativité peut devenir contagieuse. Vous avez tendance à éviter le contact. Un état dépressif qui perdure est un parfait foyer d'infection pour des ruptures affectives et amicales, avec tous les risques d'isolement et d'enfoncement pour la personne concernée.

Il n'y a aujourd'hui plus aucun doute. La dépression est une maladie souvent ponctuelle, qui doit faire l'objet de consultations médicales. Elle se traite en général assez bien. Mais le déni est la garantie d'une aggravation et d'évènements graves : perte d'emploi, éloignement des proches, destruction du cadre affectif et risques de vies individuelles définitivement abîmées.

Dans un contexte de crise globale, comme la pandémie de 2020, la question de l'existence de phénomènes de dépression collective se pose évidemment. Cette question a été abordée dès la fin du dix-neuvième siècle. Des dépressions collectives sont décrites dans des ghettos, dans des camps de concentration, dans les situations où il n'y a pas d'espoir. Seul un thérapeute aguerri pourra discerner si son patient est impacté par un phénomène collectif, par une absence de perspective liée à une absence de traitement ou de vaccination, ou par une problématique plus individuelle.

La connaissance du fonctionnement d'une spirale dépressive va permettre de mieux percevoir où vous vous situez, et comment vos facultés de jugement peuvent être altérées (exagération des points négatifs et des points positifs).

Clé 16

NE CONSIDÉREZ PAS DES MÉDICAMENTS APPROPRIÉS COMME UN TABOU

Dans les pays européens, une personne sur quatre serait touchée par un trouble psychiatrique ou neurologique à un moment de sa vie, dont la moitié par des problèmes de dépression.

Ces chiffres ne concernent pas les personnes avec des problèmes simples d'insomnie ou des petits coups de blues. Il s'agit d'individus qui présentent des modifications prolongées du fonctionnement interne du cerveau.

Curieusement, le commun des mortels, et plus particulièrement celui qui a des responsabilités professionnelles, familiales ou associatives, partage avec son entourage quand il est sous traitement anti-inflammatoire à cause d'un mal de dos, mais il a peur et se tait quand il s'agit de médicaments liés au fonctionnement du cerveau.

Dans les entretiens que j'ai conduits pendant mon travail de recherche, de curieuses expressions sont employées. « On m'a donné quelque chose » vient en lieu et place de « Mon psychiatre m'a prescrit des antidépresseurs ».

Le cerveau va bientôt rester le dernier lieu d'intimité à protéger, puisqu'on parle maintenant ouvertement des troubles de l'érection ou des dysfonctionnements de la prostate.

Les blocages psychologiques par rapport aux traitements médicamenteux du cerveau mériteraient à eux seuls une thèse avec des références historiques pour mieux comprendre. Pourquoi admet-on facilement que la quasi-totalité de nos organes peuvent rencontrer des problèmes de fonctionnement et donc être traités médicalement, alors que le cerveau poserait un problème ?

Il y a certes des mots qui font peur, qui sont mal connotés dans notre imaginaire : psychiatre, anxiolytique, dépressif, etc. Mais une des principales difficultés tient dans le fait que nous avons du mal à comprendre que le cerveau, comme nos autres organes, peut souffrir aussi bien d'affections chroniques, permanentes, que de problèmes ponctuels, réversibles à court terme. Une des raisons de cette difficulté de compréhension est liée au fait que notre cerveau est un des seuls organes de notre corps qui n'ait pas de nerfs. Nous ne ressentons donc pas ses souffrances.

Reprenons l'expression du langage commun « rhume de cerveau » : elle correspond plutôt à des problèmes rhinopharyngés qui n'ont rien à voir avec nos neurones, mais elle implique que le cerveau peut-être enrhumé, une affection par définition passagère.

Il est vrai que la science a beaucoup progressé dans sa connaissance du cerveau. Il y a quelques dizaines d'années, la dépression était considérée comme un simple trouble de l'humeur, sans traduction physiologique dans le cerveau. Comme cet organe était essentiellement visualisé comme une machine électrique, seuls vingt pour cent des dépressifs étaient considérés comme physiquement malades.

Aujourd'hui, même s'il reste sans doute bien d'autres découvertes à faire, la compréhension du cerveau est bien meilleure en ajoutant aux phénomènes électriques la compréhension des aspects chimiques du fonctionnement de cet organe complexe. Les insomnies, les angoisses, les passages dépressifs, sont en grande majorité liées à des perturbations objectives du fonctionnement du cerveau.

Que peut-on faire face à un dysfonctionnement physique ponctuel d'un organe très complexe ? Chacun comprendra que la chirurgie est hors de question. Ouvrir une boîte crânienne restera probablement un acte réservé à des pathologies très graves. On peut imaginer qu'un jour d'autres interventions physiques seront possibles : des implants, des rayonnements, des techniques de stimulation cérébrale profonde, etc. La pause d'électrodes profondes pour corriger les effets de la maladie de Parkinson[16] est aussi utilisée pour certains cas de dépressions chroniques. Nous

16 Ces opérations ont commencé au CHU de Grenoble en 1987 à l'initiative du Professeur Benabid qui a reçu de multiples récompenses mondiales. Cette découverte m'a marqué car un de mes amis a bénéficié de ce protocole dans les années 1990, a pu quitter son fauteuil roulant, et mener une vie normale. Nous n'avons pas fini de voir apparaître de nouveaux traitements de réparation du cerveau.

n'avons pas fini de voir apparaître de nouveaux traitements de réparation du cerveau.

Certains individus, adeptes de médecines douces, recommandent des interventions externes sans médicaments : luminothérapie, phytothérapie, huiles essentielles, dialogue avec un thérapeute, etc. Je ne suis pas compétent pour évaluer ces techniques. Il convient de se poser la question de la rapidité attendue dans l'efficacité d'un traitement. Ces approches mettent en effet du temps à porter leurs fruits. Or les personnes en transition, en doute, en échec, se sentent mal, et ont du mal à franchir le pas de la médicalisation de leurs difficultés. Quand elles se confient, elles attendent des premiers résultats assez vite, faute de quoi elles vont se remettre à douter de la voie choisie.

Quand une personne ne dort plus, quand elle a pris conscience qu'elle voit tout en noir (syndrome de dépression), il faut inverser la tendance assez rapidement.

Pas de chirurgie, pas de médecines douces un peu lentes, il ne semble rester que les médicaments.

Le marché est immense pour les laboratoires pharmaceutiques : la santé mentale représenterait vingt pour cent du coût de la santé publique en Europe de l'Ouest. De nouveaux traitements apparaissent très régulièrement. Les découvertes scientifiques des vingt dernières années permettent aujourd'hui de disposer de produits microdosés, qui ciblent la pathologie de manière beaucoup plus précise, sans perturber tout le fonctionnement du cerveau.

Encore une fois, je ne suis pas médecin, mais j'observe les résultats des traitements. Les nouvelles générations de somnifères, d'anxiolytiques, d'antidépresseurs, permettent à des individus de retrouver rapidement le sommeil et un moral meilleur, sans être amoindris intellectuellement. Ils nous disent pouvoir arrêter leurs médicaments au bout de quelques mois ou semaines, sous le contrôle de leurs médecins.

Les traitements actuels pour mieux dormir et limiter les angoisses ont donc progressé. Les médicaments ne sont plus des assommoirs, les risques d'accoutumance sont moindres. Arrêtons d'avoir peur : le cerveau est un organe comme les autres, qui doit être soigné quand il est sujet à de petits dysfonctionnements.

Avant de clore ce chapitre de dédramatisation des médicaments, il est important de rappeler le point suivant. La recherche sur le cerveau avance vite. De nouveaux traitements apparaissent régulièrement et font donc leurs preuves. Mais ils doivent être connus du praticien qui les prescrit. Ce médecin doit donc être un spécialiste qui se forme régulièrement. Il paraît difficile à un médecin généraliste de maintenir une connaissance détaillée de ces évolutions, car il doit maîtriser des connaissances de base sur tous les organes.

Nous avons observé des situations curieuses, relevons pêle-mêle :

Un médicament pour des affections du cerveau, qui a été conçu il y a plus de trente ans, est une étrangeté. Il existe très probablement aujourd'hui des produits mieux dosés et ciblés.

Un traitement médicamenteux pour des troubles psychologiques, qui ne sont pas scientifiquement connus pour être chroniques, ne dure jamais des années.

Le maintien sous traitement long d'un patient par un médecin généraliste, sans aucune consultation d'un spécialiste, doit générer un questionnement par le patient.

Un médecin généraliste, qui traite des états dépressifs, doit donner des signes tangibles à son patient qu'il continue à se former tout au long de sa carrière, dans le domaine en question.

Face à ce cadre dirigeant, dont on peut se demander si le récent licenciement n'est pas lié à son empoisonnement médicamenteux, un pair cadre ou dirigeant peut légitimement questionner ces points importants dans le système de santé. C'est plus délicat pour des médecins, qui sont tenus par une solidarité confraternelle. Ils ont prêté serment. Un Conseil de l'ordre surveille les désordres…

Le problème de la formation continue des médecins, en particulier des généralistes, mérite sûrement d'être ausculté de très près. Avec une médecine de plus en plus technique, il paraît difficile d'attendre du médecin généraliste qu'il sache tout faire, en particulier dans les domaines qui avancent très vite, comme celui du cerveau.

En synthèse, n'ayez pas peur des médicaments. Ils sont utiles pour le cerveau, comme pour les autres organes, face à des dysfonctionnements ponctuels comme les insomnies, les angoisses ou les tendances dépressives. Veillez à être suivis par des médecins, qui sont au fait des dernières découvertes. Et, bien entendu, toute automédication est à proscrire. Une fois le traitement de la maladie ponctuelle terminé, il existe de nombreuses techniques alternatives aux médicaments chimiques pour maintenir un bon niveau de santé et prévenir les rechutes.

Clé 17

MÉFIEZ-VOUS DES RISQUES DE PARANOÏA

Il est toujours aussi important de rappeler que ces lignes ne sont pas écrites par un médecin. Elles ne permettent pas d'opérer un diagnostic. Si les souffrances personnelles ou celles des proches paraissent très aiguës, il est nécessaire d'aller consulter.

Le titre de ce chapitre fait référence à la paranoïa. L'expression de susceptibilité extrême conviendrait également, mais elle serait moins percutante. Il s'agit ici de faire prendre vraiment conscience d'une tendance fréquente dans des périodes longues et difficiles de transition.

La paranoïa se manifeste souvent par des difficultés relationnelles, un comportement irrationnel centrant les problématiques sur sa propre identité, un sentiment de persécution, etc.

Le stress et la fatigue aidant, la tolérance des autres est parfois réduite à tel point que cela peut faire des dégâts irrémédiables. Alors que les besoins de liens avec son équipe de travail ou ses proches sont d'autant plus élevés que la crise est profonde, certains individus semblent tout faire pour détruire ces liens construits au fil des années. Les conflits, les démissions, les fâcheries irrémédiables, risquent de se multiplier.

Pour vous ou pour vos proches, voici quelques situations et exemples, qui peuvent permettre de détecter un basculement dans une situation dangereuse.

L'utilisation du mot tendance implique d'essayer de faire en permanence des comparaisons entre un état antérieur et un état actuel. Certains individus ont constamment besoin d'être rassurés et complimentés. S'ils ne le sont pas, ils sont inquiets. Mais ils ont vécu ainsi jusqu'à présent, sans dysfonctionnements relationnels majeurs. D'autres personnes semblent au contraire indifférentes à l'avis des autres sur elles-mêmes. Il va donc falloir comparer l'état antérieur, dans sa diversité, et l'état présent. Si une personne n'est vraiment pas susceptible et qu'elle semble le devenir, c'est peut-être plus visible que dans le cas d'un susceptible chronique, qui l'est peut-être devenu davantage.

Comme dans le cas de la dépression, il convient de mesurer l'amplitude et la durée des changements. Une colère isolée, une réflexion déplaisante, sans répétitions, peuvent être de simples signes de fatigue ponctuelle. Si ces phénomènes se répètent régulièrement, il convient de s'interroger.

Dans une phase de transition, d'incertitude, d'échec, les difficultés et les déconvenues ont tendance à s'enchaîner. Si l'individu concerné ramène systématiquement la problématique à quelque chose de personnel, alors que c'est hors sujet, il convient là aussi de se préoccuper de la situation. Les mots « moi » et « faute » sont très souvent prononcés. « C'est encore sur moi que cela tombe ». « Vous n'allez pas dire que c'est ma faute ! ».

Le collectif a tendance à s'effacer. On n'entend plus « nous aurions dû faire autrement » mais « je me suis encore planté ». La personne se persécute elle-même, parce qu'elle est persuadée que son entourage lui en veut.

Cette attitude détruit progressivement les liens sociaux et augmente les risques d'isolement. Vous avez sans doute en tête des situations historiques et cinématographiques, où le militaire gradé, en pleine bataille, s'efface totalement au profit de la sauvegarde du groupe. La crise amène à rechercher plus de collectif. Le paranoïaque traverse la crise en s'aliénant les autres, car il ne semble penser qu'à lui, aux incapacités des autres, voire aux siennes, qui sont constamment mises en avant, en installant inconsciemment un état d'esprit profondément négatif et pessimiste.

Ces tendances paranoïaques sont très dangereuses pour la collectivité, qui se délite rapidement, et pour la personne, qui plonge dans un isolement qui n'est pas toujours douloureux, car les facultés de perception de la situation sont amoindries.

La recommandation pour les proches est de pousser l'individu à aller voir un médecin, en mettant en avant une fatigue qui entame logiquement le discernement. L'utilisation de comparaisons entre un avant et un après pourra être très utile. « Quand tu n'étais pas crevé et inquiet, tu aurais fait comme cela, tu aurais utilisé cette phrase. »

Pour que la personne en transition prenne plus facilement conscience, elle-même, de sa situation, elle doit susciter, en période difficile, davantage d'occasions de rencontres conviviales. Les têtes à tête seront très utiles, en cherchant à questionner l'interlocuteur sur la perception par les autres des situations, des relations, etc. Mais c'est plus facile à dire qu'à faire.

Les tendances paranoïaques sont très dangereuses, car elles détériorent le fonctionnement collectif (relations familiales, équipes de travail, etc.) et conduisent à prendre des décisions seul, au moment précis où les facultés de raisonnement sont amoindries par le stress et la fatigue.

Clé 18

SACHEZ VOUS EXCUSER VITE DANS DE NOMBREUSES CIRCONSTANCES

L'aptitude à s'excuser est-elle un facteur réellement important pour faciliter le rebond et la quête d'une meilleure qualité de vie globale, ou s'agit-il d'une philosophie personnelle de l'auteur de ce livre? Vous aurez sans doute une réponse à cette question après avoir lu ce court chapitre.

Quand on s'excuse d'un comportement inadéquat et que ce n'est pas seulement conditionné par une éducation ou une culture, on ressent des transferts énergétiques. On peut avoir la sensation d'une perte d'énergie en se dévalorisant parce que l'on reconnaîtrait des torts. Rester sur sa position semble de prime abord plus protecteur. On ne recule pas. Mais cette approche statique n'est pas toujours la plus efficace. Sans être un grand spécialiste du judo, j'ai appris de judokas qu'il fallait savoir reculer pour repartir à l'assaut. Ce recul, qui semble être un signe de faiblesse, peut être à l'origine de nouvelles forces qui vont permettre d'être en meilleure position.

Ce regain d'énergie, je l'expérimente presque à chaque fois que je m'excuse. La réaction de l'autre est souvent, soit dans l'immédiat, soit à moyen terme, plus favorable que ce que l'on avait imaginé. C'est cet écart entre une réaction souvent positive et ce que l'on anticipait qui procure ce sentiment de regain d'énergie, potentiellement utile quand la quête du rebond nécessite tant d'énergie.

Analysons maintenant la situation sous l'angle du stress. Un conflit ou un désaccord sont sources d'un déficit de bien être au niveau du cerveau si, et seulement si, l'individu perçoit le désagrément de l'autre. Certains sont moins sensibles que d'autres.

Cela peut être un acquis éducatif. Si vos parents paraissaient plus portés par le respect d'une discipline que par la prise en compte des baisses de moral inhérentes à la vie d'un enfant ou d'un adolescent, ils n'ont sans doute pas montré l'exemple en s'excusant de leurs erreurs d'adultes.

Cela peut être inné. À l'instar des capacités intellectuelles (nous n'avons pas tous le même QI[17]), les facultés émotionnelles sont variables. Cela s'observe par exemple avec des professionnels atteints du syndrome d'Asperger, avec des variations importantes d'intensité du syndrome. Ces personnes ne perçoivent pas émotionnellement le mal-être de l'autre. Cette situation est plus facile à supporter quand ils comprennent eux-mêmes qu'ils ont un cerveau qui fonctionne différemment, et quand leur entourage est au courant de l'existence de ce syndrome Asperger. Au CREDIR, nous avons rendu des équipes plus épanouies en recommandant des coming out de membres atteints du syndrome Asperger.

Face à une personne avec qui on est en conflit ou en désaccord, on va ressentir un mal-être, une gêne, peut-être du stress. Si on l'évacue très rapidement et que la vue de la personne ne rappelle pas constamment qu'elle serait fâchée, il est probable que notre organisme sera peu impacté. Mais si le conflit perdure, objectivement, visuellement, ou simplement dans nos pensées, on peut chercher dans les expressions populaires l'impact probable. « Il a gardé cela sur l'estomac... » « Il va nous faire un ulcère... » Le langage commun est parlant : ce n'est pas bon pour la santé.

Le postulat est simple. En sachant s'excuser, parfois même sans porter de jugement sur qui a raison ou qui a tort, ce qui est par essence subjectif, on diminue la pression sur soi-même et sur l'autre. On pourrait aussi se référer aux sagesses asiatiques : en s'excusant, on évite de faire perdre la face à son interlocuteur.

Revenons sur le plan personnel. J'ai l'impression que ma capacité à m'excuser est née de la relation avec ma fille aînée quand elle était jeune enfant. Le premier mot qu'elle a su dire, c'est non. Souvent, dès deux ans, c'était face à son père qui lui demandait de suivre une recommandation. Jeune papa, mais oncle expérimenté de nombreux neveux et nièces proches de moi, j'avais des idées précises sur les domaines où il fallait lâcher du lest et d'autres où il fallait tenir. Ces non étaient souvent à l'origine de sourires. Cette enfant a du caractère. Mais les années passaient et les réactions face à ces répétitions de non généraient des conflits. J'ai parfois vraiment perdu patience. C'était encore une période où les fessées n'étaient pas interdites. Il y en eut, très peu, toujours trop, mais

17 Quotient Intellectuel

l'inadaptation de mes méthodes éducatives ne se situe pas vraiment là. Nous étions plutôt sur des enfermements dans la chambre pour se calmer, puis ce fut l'adolescente qui s'enferma dans sa chambre. Une fois, ne sachant plus quoi faire, avec une épouse partagée entre le réflexe maternel et une constatation de ces refus obstinés d'obéir, j'ai spontanément ressenti le besoin de m'excuser vis-à-vis de ma fille. J'ai senti que son regard changeait. J'ai senti la force qui revenait en elle et en moi. Et ce n'était pas comme dans un combat avec un gagnant et un perdant. C'était comme s'il y avait deux gagnants. L'enfant comprenait que l'adulte n'était pas infaillible, comme elle. L'adulte comprenait que la reconnaissance d'une erreur était un signe de force morale.

Cette sensation, je l'ai souvent ressentie quand, dans une position hiérarchique, j'allais trop loin dans des exigences ou dans des réflexions. Quand un chef s'excuse vis-à-vis d'un membre de son équipe, il grandit, il ne s'abaisse pas.

J'essaye de dire excuse-moi le plus souvent possible quand j'ai été averti ou quand j'ai perçu une souffrance crée. Cela diminue en général les tensions à court terme. Cela facilite en général les relations à moyen terme, car c'est important de travailler ou de vivre avec des personnes qui se sentent et s'assument faillibles.

Quand on cherche le chemin du rebond, on manque souvent tellement d'énergie, au moins au début du chemin. La pente à gravir paraît importante. On a l'impression de ne pas disposer de ses forces comme en temps normal. À chaque coin des chapitres de ce livre, on comprend combien l'économie d'énergie est un concept important. Dans une phase de rebond, plus encore que dans d'autres phases de la vie, votre meilleur choix énergétique sera dans la capacité à dire « excuse-moi ».

Clé 19

DÉVELOPPEZ VOTRE CAPACITÉ À VOUS PROJETER

Repartons d'une expression du langage populaire: « est-ce que vous voyez le bout du tunnel? » C'est une question qui est souvent posée à une personne en transition qui cherche le rebond. Elle concerne aussi la traversée d'une crise collective.

New York a vu la sortie du tunnel du 11 septembre 2001 avec l'inauguration de la tour Freedom du One World Trade Center en 2014. Mais la sortie du tunnel était visible depuis le début du chantier en 2006.

Cette expression de « bout du tunnel » correspond assez bien, et c'est un hasard, au fonctionnement du cerveau tel que nous le révèlent progressivement les nombreuses recherches neuroscientifiques. Face à une réalité vécue, le cerveau explore, à la vitesse de la lumière, des situations qui ont déjà été vécues et mémorisées, pour les comparer à la situation qui se présente à l'instant t. Si la mémoire est vide, s'il n'y a pas de souvenir ou de scénario échafaudé, le cerveau est en manque. Cela ne se passe pas normalement. Comme le cerveau est un de nos seuls organes dépourvus de nerfs, on ne sait pas si ce manque d'archives se traduit par une souffrance.

À l'heure où ces lignes sont écrites, la sortie du tunnel de la pandémie n'est pas visible, car il n'y a pas encore de traitement ou de vaccin. C'est une situation de dysfonctionnement pour le cerveau humain qui fait en permanence des comparaisons entre la situation vécue à l'instant et ce qui est en stock dans la mémoire. Avec tous les aspects inconnus de ce virus, les références ne sont pas présentes dans la mémoire.

On a donc intérêt à programmer des scénarios dans son cerveau surtout face à des réalités que l'on n'a jamais vécues jusqu'à présent. C'est notamment pour cette raison que des pilotes font des séances de simulateur pour les confronter à des situations imprévues et donc pour programmer leur cerveau. L'expression « voir le bout du tunnel » devient « avoir un ou plusieurs scénarios dans la mémoire de son cerveau ».

Nous allons explorer ce principe sur le plan financier. Quand la situation financière est très tangente, sur le plan personnel comme sur le plan de l'entreprise, l'équilibre est fragile. Le banquier ou les banquiers ont souvent accepté de petites transgressions par rapport à l'orthodoxie bancaire. Pour un individu, quelques centaines d'euros de découvert en plus… Pour les entreprises, quelle que soit leur taille, le phénomène est le même avec des sommes beaucoup plus importantes. Des promesses de rentrées d'argent un peu décalées, mais qui ont été longtemps tenues. Si on détient des comptes dans plusieurs banques, on jongle avec les conditions qui ne sont pas les mêmes partout, et on veille à ne pas être trop mal vu dans au moins une de ses banques.

Le pilotage se fait donc par une gestion prévisionnelle de trésorerie au jour le jour. Chacun devrait savoir qu'en cas de problème, cela se passera mieux en prévenant le banquier, qu'en attendant qu'il découvre les dégâts, bloque des règlements ou même déclenche des annulations de découvert avant des procédures contentieuses.

Dans mon travail de recherche auprès des entrepreneurs en difficulté, je n'ai pas été alerté par de grosses erreurs en la matière. Les individus interrogés semblaient gérer ou avoir géré leur trésorerie de manière précise et régulière, même si certains faisaient état d'une surcharge de travail et d'un découragement, qui pouvaient conduire à refuser de regarder les réalités en face.

Ici ou là, des remarques laissaient penser que la gestion des finances personnelles était peut-être moins optimale. Certains commentaires sous-entendaient des manques de temps ou des angoisses sur ce terrain. Les remarques les plus fréquentes sur le plan des finances personnelles consistaient à comparer la situation présente et la dégradation par rapport à des périodes où tout allait bien. La revente d'un bien immobilier pour faire face à la situation semblait être une vraie catastrophe, quelle que soit la taille du patrimoine immobilier.

Entre la fin de mes entretiens de thèse et l'ouverture du CREDIR, j'avais continué à rencontrer des professionnels en difficulté, des chefs d'entreprises propriétaires ayant fait faillite, des cadres ou des indépendants sans emplois. Dans un cas, la personne était vraiment déprimée par sa première période de chômage, après une carrière exemplaire pour un autodidacte, tant dans la prise de responsabilités, que dans des rémunérations importantes qui semblaient avoir généré un bas de laine conséquent.

Cet homme intelligent parlait fréquemment de la mensualité de son crédit immobilier, qui lui paraissait incompatible avec la baisse de son revenu. Mais il m'avait décrit sa vie personnelle de telle sorte que je savais que la maison en question avait été acquise il y a relativement longtemps. Je lui posai alors la question du nombre de mensualités qu'il restait à honorer. Il réfléchit longuement, se mit à rire nerveusement et m'annonça qu'il ne restait qu'une seule année. Sa prime de licenciement couvrait très largement le montant restant dû. Et, même sans ce pactole, son banquier aurait facilement accepté un rééatalement de la dette, totalement compatible avec le montant de ses allocations de chômage.

Profitant du confort relationnel établi avec cette personne qui avait trouvé une vraie raison de se détendre, je lui demandai s'il avait déjà fait des projections de trésorerie sur le plan personnel, par exemple en regardant ses futurs revenus de retraités, ceux de sa femme également cadre, tout en regardant leurs besoins minimaux pour se loger, se nourrir, entretenir la résidence secondaire, etc. La réponse fut évidemment négative. Cet homme qui avait géré des trésoreries prévisionnelles d'entreprise ne savait pas où il en était personnellement.

En le revoyant quelques semaines après, le moral était revenu, car il avait pris conscience que, malgré sa perte d'emploi, il était loin d'être dans une situation catastrophique. Et, comme par hasard, il retrouva du travail dans de très bonnes conditions peu de temps après.

À travers les rencontres de professionnels de l'entreprise au CREDIR, des situations similaires sont souvent constatées. Ceux qui gèrent des trésoreries d'entreprise au cordeau, vivent parfois dans une joyeuse incertitude au niveau des finances personnelles. Les revenus progressent un peu années après années. Les dépenses personnelles suivent le rythme de la progression des revenus. Ces dépenses sont parfois affectées à des investissements dans de l'immobilier ou dans des assurances vie, sans trop se préoccuper des conséquences d'une éventuelle diminution des revenus dans le futur. Quand les difficultés arrivent, elles se traduisent par des diminutions progressives de revenus.

C'est le cas pour un salarié qui perd son emploi, souvent en trois temps. Dans un premier temps, c'est plus qu'indolore puisqu'un pécule arrive souvent au moment du licenciement. Ensuite, quand le pécule est consommé ou épargné, il faut apprendre à vivre avec les allocations du chômeur. Enfin, si la recherche d'emploi ne donne pas de résultats, un nouveau palier sera franchi quand il ne restera plus de revenus, sauf quelques aides sociales.

Le chef d'entreprise[18] propriétaire en difficulté est souvent confronté à des évolutions plus brutales. Quand la société a des problèmes de trésorerie, il est souvent le premier à se priver de salaire, car il est un des seuls pour qui cela ne génère pas de risques juridiques. Il n'est pas rare de voir des chefs d'entreprise qui ne se payent plus depuis des mois, quand ils ne sont pas en train de réinjecter de l'argent en compte courant pour essayer de se sauver de la cessation de paiements.

Face à ces situations devenues délicates, ceux qui n'ont pas en tête leurs prévisions de trésorerie personnelles, avec différents scénarios qui ont été construits avant la crise, vont rapidement basculer dans des angoisses importantes. Ils ont tendance à ne voir que le manque à gagner qui devient obsessionnel, alors que la situation n'est peut-être pas si grave.

Cet engrenage dépressif peut toucher n'importe quel actif, quel que soit son revenu de base, ou quel que soit son statut, salarié ou non. Mais cela ne concerne pas que les problèmes d'argent. Quand on interroge une personne sur les évènements probables le lendemain de son décès brutal, dans un accident ou une attaque cérébrale ou cardiaque, il est frappant de constater l'impréparation des sujets à traiter par les proches.

Les dossiers importants (banques, impôts, sécurité sociale, etc.) sont-ils rangés et accessibles pour un proche? Les calendriers, les contacts, voire les messageries électroniques, sont-ils accessibles par un tiers avec des mots de passe connus d'un proche? Les actes notariés essentiels ont-ils été effectués (donation au dernier vivant)?

En entreprise, existe-t-il un plan de remplacement en cas d'indisponi-

---

18 Pour ne pas alourdir la lecture, j'ai choisi de parler de chef d'entreprise au masculin. Mais les rencontres dans le cadre de mes recherches ou les stagiaires du CREDIR sont évidemment des hommes ou des femmes.

bilité soudaine d'une personne clé ?

Le but n'est pas ici de proposer une check-list de ces formalités, mais de sensibiliser le lecteur au fait qu'en cas de crise, la préparation à froid de scénarios vraisemblables sera une aide précieuse, sur le plan psychologique.

Comme le stress et la fatigue s'installent vite en période de transition ou d'échec, tout ce qui sera totalement nouveau, inenvisagé auparavant, sera plus difficile à aborder.

Vos partenaires, qu'ils soient banquiers ou dépanneurs financiers ponctuels, seront davantage à votre écoute si vous leur montrez que le bateau ne vogue pas dans le brouillard sans radar. Vous serez mieux écouté et aidé si vous montrez que vous maîtrisez les instruments de navigation. Votre cerveau se sentira moins mal avec des plans alternatifs préparés à l'avance.

Clé 20

INFORMEZ-VOUS À FROID SUR LES BONNES MÉTHODES DE GESTION DES DIFFICULTÉS

Vous avez tous entendu ou prononcé l'expression « ah si j'avais su ». Quand la transition a commencé vers des situations que vous n'avez jamais vécues, il est souvent un peu tard pour se mettre au courant d'outils de prévention.

Comme pour les prévisions de trésorerie décrites au chapitre précédent, il est clair qu'une meilleure connaissance des scénarios probables quand des difficultés interviennent va limiter les souffrances psychologiques. Celles-ci sont plus importantes quand nous ne savons plus ce qui nous arrive. Il est moins douloureux d'envisager des cas de figure désagréables quand on traverse une période plutôt positive. Quand nous ne sommes pas épuisés ou rongés par l'inquiétude, l'apprentissage de situations et de règles qui nous sont inconnues sera plus facile. Nous savons combien le manque d'énergie et le stress peuvent altérer notre rationalité et notre capacité d'analyse rapide des phénomènes. Dans ces moments, il n'est pas certain que vous compreniez aussi bien ces territoires inconnus que quand vous étiez en pleine forme.

C'est avec beaucoup d'émotion qu'une femme chef d'entreprise a confié qu'elle avait mal compris la législation sur les entreprises en difficulté en étudiant des sites internet juridiques en pleine nuit, alors que les difficultés de trésorerie devenaient très sérieuses. Des dispositions des lois sur les sociétés commerciales permettent de mettre en place une procédure de prévention. En France, c'est notamment le mandat ad hoc. Aux États-Unis c'est le chapitre onze. Elles permettent de négocier des reports d'échéances avec certains créanciers sans déclencher de procédure de faillite. Dans le cas de cette entreprise, cela aurait été possible et utile, car le mandat ad hoc est confidentiel. Les clients n'auraient pas été mis au courant. Cette entreprise a été mise en redressement judiciaire. Comme la situation n'était pas irrémédiable, l'entreprise a obtenu un plan de continuation pour rembourser ses dettes excessives sur une période de dix ans. Mais ce sont des procédures longues, coûteuses et très stressantes. Cela aurait pu être évité.

Prenons quelques exemples de difficultés auxquelles il faudrait avoir réfléchi avant qu'elles n'arrivent.

Sur le plan personnel, la question du remplacement et de l'accessibilité des informations en cas de décès brutal a été abordée. Il faut maintenant traiter la question des maladies graves. Avez-vous des assurances suffisantes pour faire face aux coûts des traitements, pour vous faire remplacer dans l'entreprise si vous êtes non salarié, pour vous faire aider si vous êtes immobilisé, etc. ?

Face à l'annonce de la maladie grave, si vous savez que plus d'un cancer sur deux se guérit, vous serez plus réceptif aux messages du médecin qui, après vous avoir confirmé la mauvaise nouvelle, vous indiquera la suite des évènements.

Pour continuer dans la sphère personnelle, la question de la garde des enfants en cas de séparation revient très souvent, notamment chez les pères qui méconnaissent les procédures et ont des idées préconçues éloignées des réalités. Certains sont persuadés d'obtenir la garde alternée quasi automatiquement. D'autres sont très angoissés de ne plus voir leurs enfants. Avec plus d'un couple sur deux qui se séparent, il paraît logique de connaître la législation et d'anticiper les principales questions le plus tôt possible. De plus, notamment quand des enfants sont là ou vont arriver, des unions se mettent en place sans dispositions juridiques particulières. Si nécessaire, elles seront assez complexes à détricoter avec un stress inutile provoqué par le manque d'anticipation.

Cette liste de difficultés potentielles dans la vie personnelle ne peut être exhaustive. C'est à chacun d'analyser son environnement et d'étudier les risques. Le cas d'un voisin qui lance des travaux en dénaturant un bel édifice sur la base d'incertitudes de mitoyenneté ne mérite pas d'être traité ici en détail. C'est un conflit classique de voisinage. Mais quand cela touche un cadre dirigeant au chômage de longue durée, cela peut-être la goutte d'eau qui va précipiter le processus dépressif.

La transition des problématiques personnelles vers les questions professionnelles peut se faire en parlant de politique de prévention des risques en entreprise. Les grandes catastrophes industrielles comme Bhopal, Tchernobyl ou Fukushima, les scénarios de certaines catastrophes aériennes, ont fait prendre conscience que le degré de gravité aurait pu être réduit, si les risques avaient été préalablement recensés et prévenus. C'est à chacun d'analyser ses risques personnels à froid.

Récemment, un cadre dirigeant se présente dans une permanence du CREDIR rempli d'angoisses. Il était sur le point de reprendre une entreprise à l'aide d'un gros emprunt, qui allait nécessiter des examens médicaux pour mettre en place une bonne assurance. Il avait des problèmes de santé récurrents avec lesquels il vivait très bien, mais qui sont recensés dans les questionnaires médicaux à remplir. Il l'avait découvert assez tard dans son processus de reprise, et c'était devenu une grande source d'angoisse.

En entreprise, les risques humains et industriels sont de plus en plus souvent recensés. Cette culture se développe : les bonnes pratiques des grandes entreprises, qui suivent des processus de certification, irriguent peu à peu le tissu des entreprises plus petites, mais il reste du travail et ce n'est pas ce livre qui peut prétendre traiter correctement ce sujet.

Abordons spécifiquement la question de la gestion des entreprises en difficulté. Ces réflexions s'appliquent évidemment à toutes les tailles d'entreprises, qu'elles soient unipersonnelles ou dotées de nombreux salariés, dans l'artisanat, le commerce, les services , l'industrie, etc.

En préambule, il ne faudrait pas oublier qu'une entreprise est comme un être humain : elle n'est pas immortelle. Si on prend les cent plus grosses entreprises cotées à la bourse de New York, seules deux ou trois existaient au début du vingtième siècle. Des entreprises aussi connues que Kodak disparaissent. Le taux de mortalité infantile est particulièrement important. Dans les pays développés, en France notamment, une entreprise nouvelle sur deux ne passe pas le cap des cinq années d'existence.

Quand on crée, reprend, ou possède une entreprise, quand on est un des cadres dirigeants salariés, quand on représente les salariés d'une entreprise, il est essentiel de développer et de maintenir une culture de la gestion des entreprises en difficulté.

La métaphore avec les humains, utilisée pour la disparition, s'applique également pour la maladie. De nombreuses maladies peuvent être guéries si elles sont prises à temps, s'il existe une vraie politique de prévention. Des décès interviennent fréquemment, alors que l'entreprise aurait pu être sauvée, si le mal avait été identifié, et traité beaucoup plus en amont.

Il est nécessaire de connaître la législation au minimum et d'y repérer les outils de la prévention. À quelle porte frapper quand les premières difficultés se font sentir ? Comment se faire aider en maintenant la confidentialité vis-à-vis des clients ? Que faut-il communiquer aux salariés pour respecter leur droit d'information tout en évitant de les effrayer inutilement ?

La connaissance des réglementations et des acteurs des entreprises en difficulté ne suffit pas toujours.

Un exemple classique et tellement commun pour les très petites entreprises est celui du compte en banque. Une entreprise ne doit pas avoir de compte bancaire unique, surtout si elle utilise une autorisation de découvert. Comme les règlements clients et fournisseurs se font de plus en plus souvent par virements et par prélèvements, quand le banquier bloque le compte car le découvert est dépassé, l'entreprise est paralysée. Il est vivement recommandé d'avoir au moins un compte en banque qui fonctionne sans découvert et sur lequel sont domiciliés les règlements des clients. L'entreprise est ainsi certaine que les règlements de ses clients ne seront pas automatiquement affectés à honorer des prélèvements ou à résorber un découvert.

Malheureusement, ce genre de recommandations ne se trouve pas souvent dans les livres de base sur la gestion d'entreprise et n'est pas souvent enseigné. Cela milite à nouveau pour que le chef d'entreprise ne reste jamais seul, pour qu'il soit accompagné par de bons professionnels de la gestion d'entreprise et pour qu'il multiplie des occasions de rencontre avec des pairs. Ce conseil est plus qu'important si les difficultés ont déjà commencé. Il faut lutter contre la tentation psychologique du repli sur soi parce qu'on se sent submergé par les difficultés. Il faut repérer dans son environnement tous ceux qui sont tentés par la politique de l'autruche. Ils sont en danger. Nous pouvons les aider.

Vous regretterez sans doute beaucoup des erreurs commises par méconnaissance d'un domaine lié à votre situation professionnelle ou personnelle, et sur lequel vous auriez pu vous tenir informé, à froid, même si les questions sont un peu complexes et parfois évolutives. Mais il n'est jamais trop tard pour réagir et comprendre que, face aux défis qui se présentent, vouloir mener seul le combat est sans doute l'erreur principale à éviter.

Clé 21

NE VOUS ATTACHEZ PAS TROP À DES ÉLÉMENTS MATÉRIELS

Que cela plaise ou non, les pays développés ont vécu en quelques décennies de profondes mutations qui rendent la détention des biens matériels, notamment immobiliers, beaucoup plus volatile.

Les couples se font et se défont. Il est devenu plus fréquent de devoir partager des patrimoines, car chacun repart de son côté avec une fraction de ce qui a été épargné pendant la vie commune.

La transmission du patrimoine entre générations est aussi plus délicate. De nombreux pays en déficits budgétaires chroniques ont flairé que la taxation des successions est parfois plus indolore que d'autres impôts. Quand ce n'est pas un cas de filiation directe, le neveu ou la belle-fille vont avoir du mal à conserver les biens immobiliers. Dans des cas de familles nombreuses, les modalités de partage entre frères et sœurs vont rendre difficile la conservation de la maison de famille, de l'exploitation agricole, ou de l'entreprise, avec un poids foncier tel, qu'il va falloir dédommager celle ou celui qui ne poursuit pas l'exploitation.

Un autre facteur rentre en ligne de compte pour certaines professions, notamment les cadres et managers. La nécessaire mobilité géographique est souvent un sésame pour ne pas risquer des périodes de chômage de longue durée. Quand on déménage à l'autre bout du pays, car il n'y a plus de perspectives dans l'entreprise où l'on a travaillé pendant des années, il est fréquent de devoir vendre sa maison et de s'installer dans une location, en attendant de voir si la situation va se stabiliser. Ces obligations de revente et ces années en location, à un âge où nos ancêtres étaient pleinement stabilisés, contribuent aussi à une moindre stabilité financière et matérielle.

Compte tenu des prix élevés de l'immobilier, notamment en ville, il est donc plus complexe de maintenir la détention d'un appartement et d'une maison. Il devient difficile de garder longtemps un bien immobilier, pour lequel l'investissement affectif est élevé, avec des souvenirs de moments heureux (début des histoires d'amour, naissances, fêtes d'anniversaires, etc.). Des professionnels aux revenus importants reporteront souvent cette affectivité sur une résidence secondaire, en espérant qu'elle puisse incarner une permanence rassurante.

Il serait donc prudent de ne pas trop s'attacher à des biens matériels de valeur significative par rapport à votre niveau de vie, car des évènements imprévus, voire contraires, peuvent les remettre en question. S'il faut s'en séparer, notamment pour adapter le train de vie à une situation économique plus délicate, la souffrance peut être telle qu'elle provoque des blocages, qui vont précipiter une situation vraiment grave, comme la saisie du bien avec une revente à un prix très dégradé.

La prise de conscience de ce phénomène est venue de rencontres avec des chefs d'entreprise, qui devaient réduire le coût et la taille de leurs locaux professionnels, pour tenter de sauver leurs entreprises. Ceux qui avaient construit ou aménagé leurs locaux, avec un investissement affectif dans des réalisations créatives, avaient beaucoup plus de mal à prendre la décision de sacrifier cet acquis, et souffraient davantage après le déménagement, la sous-location ou la revente d'une partie du bien. Cependant, ceux qui étaient dans des locaux plus anonymes semblaient moins attachés aux réalisations passées et tournaient la page plus facilement.

Cet attachement aux éléments matériels est plus important qu'on ne peut l'imaginer. Parmi les chefs d'entreprise qui ont dû déménager ou abandonner leurs locaux professionnels à la suite de la revente ou à la faillite de leurs entreprises, certains gardent la clé de la porte d'entrée pendant des années, d'autres font systématiquement un grand détour pour ne plus jamais repasser devant leurs locaux.

Pour un professionnel passionné de son métier, l'attachement affectif ne concerne pas que l'immobilier d'entreprise. Il se porte aussi sur le modernisme des outils de production, sur l'ampleur des moyens de recherche, sur la taille et le look du stand dans le salon professionnel annuel, ou sur l'ampleur et le style de la convention annuelle organisée pour les clients ou les collaborateurs. Dans ces cas précis, c'est une forme d'engrenage difficilement réversible qui se met en place. Elle est souvent appelée escalade de l'engagement. Elle conduit parfois à des investissements et à des dépenses déjà déraisonnables, même en période faste. On entend parfois que le patron s'est fait plaisir en faisant plaisir aux autres. C'est très humain et rarement égoïste. Mais, un chef d'entreprise qui a ce genre d'habitudes, va particulièrement souffrir quand il faudra remettre en question ses pratiques et réduire le train de vie de l'entreprise. Seul un accompagnement d'un professionnel extérieur, avec de bonnes capacités psychologiques, permettra de surmonter ces difficultés. À défaut, le risque de petites ou de grandes déprimes sera très élevé.

Les éléments matériels, notamment immobiliers, sont donc des marqueurs affectifs importants, sur le plan professionnel, et sans doute aussi sur le plan personnel. Il serait donc prudent de ne pas trop s'attacher à des éléments matériels, qui peuvent être remis en cause par les creux de vague.

Si vous aimez les belles voitures, offrez-vous un week-end ou des vacances en louant la voiture de vos rêves.

Si vous aimez les belles maisons dans des lieux d'exception, louez-les ponctuellement, ou louez-les chaque année.

Quand vous avez un pouvoir d'achat qui vous permet quelques fantaisies, offrez-vous des escapades ou des vacances de rêve. Recherchez l'originalité. Les souvenirs emmagasinés, les images mémorisées dans les nuages informatiques[19], et les objets qui parlent de là-bas, constituent un patrimoine que l'on ne pourra pas vous enlever. Si vous êtes particulièrement prudent, veillez à ce que vos photos des lieux visités ne mettent pas systématiquement en scène l'être aimé qui pourrait ne plus être à vos côtés dans quelques années ! Constituez-vous, tout au long de votre vie, un petit patrimoine affectif égoïste que vous pourrez garder quoiqu'il advienne. Avec ce patrimoine, et un lot de scénarios alternatifs pour le futur, vous serez mieux armé pour faire face aux conséquences matérielles des hauts et des bas de la vie contemporaine.

Ceux qui ont été confinés pendant la pandémie de 2020 ont vécu une période de privation d'une série d'activités, notamment de loisirs, qu'ils

---

19 Le fameux « cloud ».

pratiquaient régulièrement. Ces privations ont sans doute permis de revisiter la hiérarchie des priorités dans la vie. Une balade au grand air, sous un beau ciel bleu, après une nuit de récupération efficace d'énergie, avec un corps qui fonctionne bien et un cerveau dégagé au moins quelques instants des tracas du quotidien, va probablement nous donner une énergie et un plaisir que la possession d'un bien matériel ne nous procurera probablement jamais. Certains se culpabilisent de ce temps pour eux et se qualifieraient presque d'égoïste. Depuis le début de l'expérience du CREDIR en 2013, nous recommandons ce soi-disant égoïsme aux professionnels qui se sentent épuisés. C'est dans cet égoïsme qu'ils puiseront notamment l'énergie du rebond, qui pourra ensuite servir, si c'est leur philosophie, à se rendre utiles aux autres.

Clé 22

VIVEZ TOUJOURS AVEC DES ALTERNATIVES PROFESSIONNELLES ET PERSONNELLES

Les expressions populaires ont souvent des origines de bon sens. Quand on est confronté à une personne qui a le moral en berne, qui est vraiment en dépression, ou qui traverse une période difficile tout en ayant des tendances bipolaires, il n'est pas rare d'entendre « tout est noir autour de moi ».

Les rencontres avec des personnes qui traversent de telles périodes difficiles donnent l'impression que l'individu s'est installé dans une situation binaire. C'est bien ou c'est mal ; il est très difficile de relativiser.

Peut-être ne vous sentez-vous dans cet état d'esprit en lisant ces lignes. Mais ne vous sentez pas protégé pour autant, quand viendront les périodes délicates. Ces tendances semblent être déterminées par des modes de fonctionnement du cerveau, qui supporte mal d'être privé d'hormones du plaisir pour telle ou telle raison.

Pour se prémunir de ces tendances, ou pour lutter quand elles sont installées, voici deux suggestions.

Tout d'abord essayez de vous interdire les évaluations binaires de situations.

Au lieu d'une échelle de valeurs un (« c'est positif ») et zéro (« c'est négatif »), habituez-vous à des évaluations qui comportent au moins trois niveaux différents. Une échelle à quatre graduations serait encore mieux. Certains chercheurs qui utilisent des questionnaires prétendent que cette échelle d'évaluation doit toujours être paire, sinon les populations interrogées ont une fâcheuse tendance à se situer au milieu.

Choisissez donc quatre niveaux d'évaluation : positif – correct – décevant – négatif. Cette discipline est plus facile à installer dans une période de relatif bien-être. Si vous ne vous êtes pas préparé, la période difficile verra souvent la tendance aux évaluations binaires se réinstaller.

La seconde recommandation concerne la préparation de scénarios alternatifs, en période de bien-être, concernant les vies professionnelles et personnelles. Préoccupez-vous notamment de l'état de santé, de la situation du couple, du lieu d'habitation le plus fréquent, et de votre occupation principale. Ces quatre domaines sont évidemment des raccourcis. On pourrait y rajouter plein d'autres aspects : des décès dans la famille génitrice (parents et autres anciens), des maladies dans la famille générée (enfants et autres jeunes), des évènements dans la ou les troisièmes vies, etc.

Pour illustrer les scénarios alternatifs, prenons ces quatre principaux éléments. Pour chacun d'entre eux, il convient de réfléchir à un minimum de trois options, favorables ou défavorables, et de les étudier en détail, avec du temps, et de la méthode. Vous préparez ainsi votre esprit à être plus ouvert et créatif, si un scénario déplaisant se met en place. Votre cerveau sera plus performant si, le moment venu, il a stocké des scénarios. C'est une des raisons pour lesquelles on entraîne des pilotes d'avion ou d'autres opérateurs de machines complexes dans des simulateurs.

Prenons votre santé, les options sont assez simples à imaginer. Certaines sont douloureuses. Il ne faut pas se placer dans l'évitement. C'est en y pensant à froid, que la survenance de l'une d'elles, peu agréable, ne se tra-

duira pas par une dépression profonde, mais par une volonté de trouver la capacité de résistance qui est en vous.
1 : ma bonne santé actuelle se maintient en l'état, moyennant une hygiène de vie adéquate.
2 : je suis atteint d'une maladie grave, dont je parviens à guérir, moyennant des traitements lourds et consommateurs de temps.
3 : je suis atteint d'une maladie grave. Le pronostic vital est engagé. Je n'ai peut-être qu'un nombre restreint de mois à vivre.
4 : j'ai un grave accident de santé qui me laisse handicapé physiquement.
5 : j'ai un grave accident de santé qui me laisse handicapé mentalement.

Je ne vais pas reprendre chacune des options et expliciter les questions qu'elles induisent. C'est à vous de le faire. Un seul exemple : dans l'option 4, celle du handicap physique, vous vous demanderez si un fauteuil roulant est compatible avec votre domicile actuel. Si vous faites des travaux ou cherchez un nouveau logement, vous aurez cette question en tête. Si par mégarde ce scénario se produit, vous aurez un peu de moins de mal à l'accepter, car vous l'aviez installé dans le champ des possibles stocké dans la mémoire centrale de votre cerveau.

Sur le couple, il est également facile de modéliser.

1. Je vis seul et je souhaite rester ainsi.
2. Je vis seul et souhaite trouver quelqu'un pour vivre en couple.
3. Je mène une vie de couple heureuse et durable.
4. Je suis en couple, et l'un des deux souhaite mettre fin à la relation, alors que l'autre ne le souhaite pas.
5. J'étais en couple et une séparation intervient d'un commun accord.
6. Je suis en couple, et l'un des deux décède ou va décéder.

Pour un couple, la fin de la vie se traduira très probablement par le décès de l'un avant l'autre (n°6). Dans le cas d'une longue histoire d'amour heureuse et stable, certains scénarios paraissent impossibles (1 et 2, 4 et 5). En imaginant à froid que l'autre tombe amoureux de quelqu'un d'autre, le fait d'y penser et d'y réfléchir aura des conséquences potentiellement positives. Le comportement dans le couple sera peut-être moins fondé sur des acquis et des habitudes. La réflexion sur le départ de l'autre permettra de commencer à envisager comment serait vécue la suite.

Certains penseront que le domicile est un problème annexe par rapport aux deux précédents. Ne le sous-estimons surtout pas. Il est le lieu du sommeil, de la recharge des batteries, et donc une grande source d'équilibre. Vous savez combien vous pouvez vous attacher à des aspects matériels. Votre degré de satisfaction sur le lieu où vous dormez régulièrement, est un élément essentiel de votre équilibre quotidien.

Voici les différents scénarios dans lesquels vous pouvez vous inscrire :
1. Je suis le seul décideur de mon lieu de domicile que je possède. Je n'envisagerais jamais de le quitter à cause de voisins bruyants ou de nuisances naturelles.
2. Mon domicile n'est pas éternel (location, nuisances dans le quartier), mais je souhaite y rester le plus longtemps possible.
3. J'espère rester dans mon domicile jusqu'à telle ou telle étape de ma vie.
4. Je recherche un autre domicile.

Dans les parcours de vie dont nous sommes témoins, un problème de domicile est rarement une cause unique ou principale d'un état dépressif, mais des ennuis dans ce secteur important de la vie peuvent être la goutte d'eau qui fait déborder un vase déjà rempli d'autres problématiques. Si le premier scénario correspond à votre situation, vous pourriez vous retrouver dans une situation de blocage et d'angoisses en cas de difficultés. En vous projetant avec des scénarios alternatifs sur cette question, vous serez mieux protégé quand des évènements adverses se dessinent.

La construction de scénarios professionnels paraîtra sans doute plus facile : vous en êtes fréquemment témoin ou acteur. Mais la liste est plus longue, et pourrait sans doute s'allonger en fonction de cas particuliers.
1. Je reste dans le même job.
2. Je change de job dans la même organisation.
3. Je trouve un job dans une autre organisation.
4. Je suis au chômage.
5. Je change de métier et/ou de statut.

L'intérêt de ces scénarios est de les imaginer pour que, le moment venu, ils créent moins d'effets de surprises ou de déceptions. Ce qui compte avant tout, c'est d'envisager et de préparer des alternatives porteuses d'intérêt, si le job actuel est en danger ou s'il vous ennuie.

La mise en place de tous ces scénarios présente un intérêt supplémentaire. Si vous avez des difficultés dans votre situation actuelle (santé, couple, domicile, travail), vous vous sentirez moins acculé, vous vivrez mieux les difficultés, vous prendrez de meilleures décisions, y compris si votre priorité est de rester dans la situation actuelle et de surmonter les difficultés.

Le soulagement procuré à des personnes en situation d'échec ou de transition vient souvent de la mise en place de scénarios alternatifs. Cela diminue l'obsession du scénario idéal qui tarde à se présenter.

Clé 23

IDENTIFIEZ VOTRE NIVEAU DE RÉSILIENCE

Si vous n'avez jamais eu l'occasion de rencontrer ce terme de résilience, il est important d'y consacrer quelques lignes. Il est devenu central dans la pédagogie du CREDIR.[20]

Il vient de la physique des matériaux. Un métal résilient est un métal qui a une certaine flexibilité, sans risque de rupture. Sur un avion, certaines pièces métalliques sont à la fois rigides, mais en même temps flexibles. La rigidité au niveau des ailes va assurer la portance. La flexibilité va permettre de résister aux variations de masses d'air, de vent, ou de poids de l'avion qui s'allège en consommant son carburant. La résilience de tout matériau peut être mesurée, même si elle est très faible pour un corps très rigide.

Ce concept de résilience a été utilisé dans d'autres domaines très différents depuis le milieu du vingtième siècle (psychologie, économie, informatique, biologie, etc.). Il fait maintenant partie du langage commun, et, à ce titre, est parfois employé à tort. Par exemple, dans

20 Le CREDIR a été lauréat du Prix de la Résilience Professionnelle, catégorie recherche, qui lui a été remis au Sénat à Paris en avril 2019.

l'étude des comportements humains, la résilience n'est pas exactement synonyme d'une capacité à faire face à l'adversité.

Le médecin français Boris Cyrulnik s'est intéressé aux parcours de rescapés des camps de concentration. Ces personnes sont évidemment traumatisées et conservent de lourds souvenirs et, pour certains, des niveaux de stress importants. Mais leurs trajectoires de vie vont diverger.

Certains vont enfouir ces souvenirs horribles dans leurs mémoires. D'autres vont au contraire se raconter, être capables de montrer à des inconnus le terrible tatouage sur le bras. Ils n'ont pas de tabou.

Il semble acquis que la seconde catégorie a eu une vie beaucoup plus épanouie que la première catégorie.

Dans un livre qui se veut accessible à tous, nous optons pour une compréhension simplifiée de ce concept passionnant de résilience, qui nécessiterait à lui seul de nombreuses lectures.

Un évènement très négatif, qui a fait souffrir psychologiquement, mérite d'être évoqué, revisité, a posteriori, pour permettre à l'individu concerné de se reconstruire et d'accroître au fil de sa vie sa capacité de résistance à des évènements similaires.

Il est important de comprendre que votre corps travaille en permanence sans que vous en soyez conscients. Voici une comparaison non scientifique entre l'estomac et le cerveau.

Vous faites parfois l'effort de manger des aliments, dont vous n'aimez pas le goût, simplement parce qu'ils contiennent des éléments profitables pour votre organisme. C'est le cas des épinards, qui ne plaisent pas toujours dans l'enfance[21]. Après la sensation parfois inconfortable de ce produit dans la bouche, l'estomac va faire son travail chimique pour transmettre au sang les substances qui lui sont bénéfiques.

Comme l'estomac, le cerveau effectue toute une série d'opérations, dont vous n'êtes pas pleinement conscients. Le travail de deuil sur les souf-

21 Le choix des épinards est évidemment générationnel quand on a été élevé par des parents influencés par le dessin animé Popeye qui a promu un peu à tort les épinards comme vecteur de force et de fer pour l'organisme. Les lentilles seraient plus efficaces…

frances en est un. Il semble que ce travail ne produise pas les mêmes résultats quand on cherche à enfouir dans la mémoire un évènement douloureux, et quand on en parle librement. De nombreuses études commencent à démontrer scientifiquement ces phénomènes. Des mamans d'enfants handicapés, qui fréquentent régulièrement un groupe de parole avec leurs homologues, vont physiquement nettement mieux que celles qui restent isolées avec leur enfant. Elles ont moins de problèmes de vieillissement accéléré d'origines cardiovasculaires ou neuronaux. Il est probable que les bienfaits de la prise de parole sur le vécu dans les camps de concentration feront l'objet (ou font déjà l'objet) de justification par des phénomènes électrochimiques dans le cerveau.

En écoutant de nombreux récits de vie de professionnels d'entreprise, il paraît évident que la souffrance face à des évènements contraires, face au risque de mort de l'organisation à laquelle on a consacré des années, est moins lourde à porter pour des individus qui ont vécu au préalable d'autres périodes difficiles et qui en ont parlé facilement.

Une adolescence vécue éloignée de sa famille en pension, la perte du père ou de la mère avant vingt ans, des scènes de guerre à l'armée, un divorce houleux, un licenciement avant de créer son entreprise : tous ces évènements peuvent influencer une vie à jamais.

Si le travail de verbalisation a été effectué, la résilience s'est développée.

Si le silence a été gardé, un boulet continue à être traîné. Certains évènements négatifs, certains traumatismes, font résonner des peurs du passé, qui vont augmenter le stress et la souffrance.

Pour ceux qui n'apprécieraient pas les démarches répétitives de séjour dans un divan de psychanalyste ou sur un fauteuil de psychothérapeute, ce travail de deuil peut parfois être fait simplement par un récit continu de quelques heures avec une personne bienveillante inconnue de son entourage. Il ne s'agit pas d'aborder les détails de périodes de structuration de la personnalité dans l'enfance ou dans l'adolescence. Il s'agit de raconter les évènements difficiles, en veillant à raconter une histoire dans l'ordre chronologique et avec exhaustivité.

En observant les professionnels d'entreprise rencontrés, il est possible de classifier les réactions face à leur adversité actuelle.

Ceux qui ont déjà vécu des phases de vie douloureuses et qui les ont exprimées ont développé une résilience, qui leur permet de mieux supporter moralement de nouvelles difficultés.

Ceux qui ont eu une vie facile, sans difficultés majeures, sont désarçonnés par ce qui leur arrive, surtout s'ils n'avaient jamais été sensibilisés à ces sujets, par la rencontre d'une personne concernée, par des conférences, par de bonnes lectures (...)

Ceux qui ont déjà vécu des phases de vie douloureuses, et qui ne les ont pas exprimées et exorcisées, vont s'installer dans des douleurs complexes et sans doute importantes, parce qu'ils mélangent inconsciemment les douleurs présentes avec celles du passé.

Les douleurs du passé sont parfois complexes à identifier. À l'occasion des récits de vie, nous découvrons très souvent, intervieweur et interviewé, des douleurs insoupçonnées.

Voici un autre exemple : un cadre dirigeant vient de perdre, pour la première fois, son poste. Il évoque assez facilement qu'il a perdu son père à quinze ans. Il n'est pas difficile de lier la perte d'emploi à la perte du père. On observe des signes de deuil dans la situation professionnelle. Mais, au cours du récit de vie, on comprendra que la perte du père s'est traduite immédiatement par des soucis financiers très importants, par la nécessité de quitter la mère qui ne pouvait plus assumer ses enfants, et par la nécessité de travailler sans faire d'études. Alors que la situation financière est loin d'être catastrophique, cette personne est profondément angoissée... par l'aspect financier. La perte de l'emploi est corrélée à la perte du père et à la peur de manquer d'argent, situation qui avait été oubliée progressivement à la faveur d'une carrière remarquable pour un autodidacte.

Comme cette ouverture de boîtes de pandore du passé peut faire peur à certains, la conclusion de ce chapitre est la suivante. Des évènements difficiles, personnels et/ou professionnels, vécus dans le passé, même lointain, peuvent influer favorablement sur votre capacité de résistance aux contrariétés induites par les phases de transition ou d'échec.

Clé 24

IDENTIFIEZ LES SIGNES DU BASCULEMENT DANS UNE SITUATION D'ÉCHEC INÉLUCTABLE

Que vous soyez familier de la visualisation de phénomènes par des courbes de tendance, ou que vous restiez allergique à toute forme de conceptualisation qui rappelle des cours mal digérés, il sera plus facile de comprendre le processus de basculement, en visualisant une courbe imaginaire de satisfaction au quotidien.

La transition a démarré. Chacun est capable de mesurer sa satisfaction par rapport à ces changements dans sa vie. Ces derniers jours, avez-vous l'impression que chaque journée qui passe vous rend plus à l'aise, plus satisfait, par rapport à ces changements récents? Cette évaluation simple s'appliquera au nouvel appartement, dans lequel vous venez d'emménager, à ce chiot qui, décidément, continue à faire toutes ses bêtises sans amélioration, à ces journées, où vous ne faites plus le trajet vers votre ancien lieu de travail, à ces nuits, où vous ressassez le pronostic de guérison du cancer de votre enfant, etc.

Malheureusement, la tendance n'est pas bonne. Vous avez l'impression que chaque jour qui passe voit grandir les doutes. Cela ne se passe pas bien, ou plutôt, vous vous sentez de moins en moins bien dans cette nouvelle situation. La courbe de satisfaction personnelle est descendante. Chacun peut comprendre que cette descente, si elle continue, va se terminer par une insatisfaction complète, signe de l'échec de cette situation de transition. Vous êtes beaucoup moins bien que dans la situation antérieure. Il est nécessaire de tout rechanger.

Les recherches sur les trajectoires d'entreprises en difficulté ont montré que cette dégradation était très rarement linéaire. Il existe un point de basculement, un évènement qui génère un avant et un après. Dans l'après, les modes de pensées et d'action doivent être adaptés à cette nouvelle situation postérieure au basculement.

Voici l'exemple de Pierre : c'est un artisan du bâtiment qui a bien réussi son parcours d'entrepreneur. Il est à la tête d'une belle entreprise de travaux dans le second œuvre du bâtiment avec une vingtaine de salariés. Mais son fils unique n'a pas rejoint l'entreprise. Il sait qu'il faut organiser la succession. Cela fait plusieurs années qu'on lui présente des repreneurs, mais il n'a pas eu le coup de foudre. À soixante-huit ans, il est en pleine santé. Cela ne presse pas vraiment. Il y a six mois un de ses meilleurs ouvriers a remis sa démission, et est parti chez un concurrent. « Normal, c'était un perpétuel insatisfait. Je ne pouvais quand même pas encore lui augmenter son salaire ». Aujourd'hui, c'est le principal chef d'équipe qui a annoncé qu'il partait pour se mettre à son compte. « Bizarre, je ne le vois pas faire du commercial ». Le chef d'entreprise n'a pas détecté le point de basculement. Une personne clé s'en va à nouveau. Le signal est donné. Les salariés perdent progressivement confiance dans l'avenir d'une entreprise au patron vieillissant. L'échec est au bout de la route.

Vous êtes régulièrement les témoins d'individus qui ne perçoivent pas, ou ne veulent pas percevoir, ce fameux point de basculement. Même sans travaux de recherche approfondis, le lecteur sentira que ces points de basculement existent dans de nombreuses autres situations de vie : une dispute qui dégénère dans un couple avec une première claque, apparemment si légère, une nouvelle nuit difficile, où les nouveaux voisins du dessus ont encore fait la fête toute la nuit, ce patron qui a encore humilié en public le même collègue, un incident de paiement qui laisse des traces dans les fichiers bancaires (entreprise ou individu), une adolescente qui trouve toujours des prétextes pour ne pas venir à table, etc.

Lors d'une soirée de détente avec mes collègues étudiants à l'Université Paris Dauphine est apparue une expression pour ce point de basculement : le « point R ». R veut dire reconnaissance et convient également en anglais. Mais c'est aussi un clin d'œil au fameux point G [22]. Il existe, mais il n'est pas facile à identifier précisément !

Le repérage de ce point R est important, car il devrait conduire à changer d'attitude, dans les réflexions personnelles et dans les comportements.

22 Ernst Gräfenberg, médecin allemand, qui a inspiré Frank Addiego qui introduisit le terme de point G en 1981.

La transition engagée ne va pas se terminer par une amélioration de la satisfaction. L'échec est potentiellement au bout de la trajectoire. Il convient maintenant de préparer les scénarios alternatifs pour ne pas se laisser enfermer dans une impasse.

Cette analyse est particulièrement difficile à faire et nécessite encore plus d'appliquer le facteur clé « ne restez pas seul », notamment dans le cadre d'une crise économique globale, comme en 2008, après la faillite de la Banque Lehmann Brothers, ou en 2020, avec les suites de la pandémie. En 2008, comme en 2020, des secteurs entiers de l'économie vont avoir du mal à survivre. Certains secteurs vont voir la survie ou la disparition de leurs entreprises. Prenons le transport aérien, secteur que je connais bien pour des raisons familiales. À l'heure où j'écris ces lignes, certaines compagnies ont déposé le bilan, comme Avianca, la compagnie aérienne nationale de Colombie, très présente dans toute l'Amérique du Sud. D'autres affirment avoir de quoi faire face, comme EasyJet ou Ryanair. Si on est navigant dans une compagnie fragilisée, on vit une transition qui peut se terminer par un échec si on est licencié par une compagnie en cessation de paiements. Il sera difficile de retrouver à court terme un job dans le même domaine. Des décisions vont devoir être prises. Identifier le point de basculement, et se faire aider pour le faire, va être complexe, mais cela peut permettre de rebondir dans de meilleures conditions.

Clé 25

MODIFIEZ VOTRE GRILLE D'ANALYSE DES PARTIES PRENANTES

La fatigue et le stress dans une période de transition difficile entament la rationalité de l'individu sur le plan intellectuel (capacités de raisonnement) et relationnel (esprit de groupe et convivialité).

Les proches et les tiers, qui ne sont pas directement et personnellement affectés par ces difficultés, ne sont pas touchés par les mêmes problèmes de limitation de rationalité. S'ils ne sont pas eux-mêmes épuisés, ils raisonnent de manière nominale. Ils changent d'attitude, car la situation qu'ils observent est en train de changer. C'est très rationnel.

Dans un couple autrefois harmonieux, quand les disputes se répètent, il y a forcément deux interprétations différentes de la situation. L'un des conjoints, avant l'autre, va commencer à se poser des questions sur la pérennité du couple. Si la possibilité de la rupture est envisagée par l'un, l'autre va avoir du mal à comprendre certaines situations. Il se peut que des proches du couple soient au courant des doutes de l'un avant même l'autre conjoint. Les parties prenantes dans la vie de ce couple entrent dans des périodes de changements relationnels multiples, parfois infimes individuellement, souvent très pesants s'ils se cumulent.

Imaginons un projet sensible. L'animal de compagnie aimé du couple est mort. Une recherche est faite pour le remplacer par un animal jeune et craquant. L'un des deux conjoints imagine la suite d'une séparation. L'autre conjoint ne l'imagine pas. Elle ou il sait qui gardera l'animal. Cela va probablement jouer dans l'attachement qui va se créer avec ce jeune animal. Cet exemple n'est pas pris au hasard. La question de la garde de l'animal de compagnie est souvent un sujet très délicat dans les séparations, à tel point que certains notaires n'hésitent pas à prévoir cette clause quand ils rédigent un PACS[23].

Dans l'environnement scolaire, un professeur qui était très exigeant vis-à-vis d'un étudiant, pour le pousser à progresser, voire à se dépasser, peut subitement relâcher la pression. Il n'y croit plus. La confiance dans la capacité de l'étudiant à réussir est érodée. L'étudiant ne prend pas immédiatement conscience du fait que la partie peut être perdue dans cette discipline. Une période d'incompréhension se met en place , tant que les points de vue ne sont pas exprimés clairement, par exemple lors d'un examen oral.

L'attitude du banquier, dans la sphère personnelle ou professionnelle, constitue un autre exemple utile dans ce chapitre. Quand une banque fait un prêt, une partie de la décision est fondée sur la confiance dans

23 Pacte Civile de Solidarité

un projet ou dans une personne. La banque est certes rémunérée pour le risque qu'elle prend, mais elle veille à ce que sa confiance ne soit pas trahie dans la perspective d'être progressivement remboursée. Si des difficultés se présentent, cette confiance est mise à l'épreuve. Elle sera éventuellement maintenue un certain temps, mais elle va disparaître à un moment précis, qui coïncidera avec la gestion du prêt avec des procédures nouvelles (dites contentieuses) et souvent par des personnes différentes, spécialisées dans le recouvrement par des méthodes plus musclées. Mes recherches à l'Université Paris Dauphine ont montré le décalage de perception des changements entre l'emprunteur et le prêteur. Le collaborateur qui représente le banquier prêteur est le plus souvent au courant du basculement dans une procédure contentieuse avant l'emprunteur, qui continue à s'investir humainement dans une relation de confiance pour rassurer, alors que ce n'est déjà plus d'actualité, parce que l'interlocuteur va changer. En effet, dans la plupart des banques, les chargés d'affaires classiques sont déchargés de la relation avec un client qui est transféré au service de gestion contentieuse, souvent appelé pudiquement les « affaires spéciales ». Malheureusement, ce moment n'est pas souvent immédiatement explicité à l'emprunteur. La banque déploie une stratégie de recouvrement, qui peut impliquer des effets de surprise.

Quand vous avez compris que la situation a basculé dans une nouvelle phase sans retour possible à la situation ancienne, il est important de réfléchir aux changements potentiels de logique de tous vos interlocuteurs et proches. Si vous ne le faites pas, vous allez souffrir d'attitudes que vous n'interpréterez pas comme logiques, mais qui vous paraîtront déplaisantes, voire malveillantes, ce qui pourrait accentuer vos tendances à vous sentir persécuté.

Beaucoup des personnes qui vous faisaient officiellement et humainement confiance se situaient dans un contexte qui a maintenant changé. Leur confiance portait sur un individu dans une situation, et non pas sur l'individu en toute situation. Ils ont maintenant basculé dans une autre logique. Il ne s'agit pas d'accepter ces changements. Ils vous paraîtront injustes. Mais, si vous avez pris conscience que ces changements existent, vous perdrez moins de temps dans des interprétations et des souffrances vaines, alors que vous continuez à avoir tant à faire.

Clé 26

CLOISONNEZ LA VIE PROFESSIONNELLE ET LA VIE PERSONNELLE

Vous avez probablement déjà lu le chapitre qui explicite le modèle des trois vies.

La première vie est la vie professionnelle, la seconde est la vie personnelle (affective et/ou familiale), et la troisième vie est celle où l'on s'engage socialement en dehors des deux premières. Cette troisième vie peut continuer sans être détruite par une grosse difficulté dans la vie professionnelle ou dans la vie personnelle.

Ces trois vies interagissent l'une sur l'autre, en particulier les deux premières. Une rupture affective ne met pas dans les meilleures conditions pour la vie professionnelle. Elle crée du stress et de la fatigue, qui ne permettent pas d'être au sommet de sa forme pour travailler et interagir avec ses collègues.

En cas de gros souci professionnel, l'énergie disponible pour la vie personnelle va également se trouver amoindrie. Les réactions vont probablement différer des moments où le travail ne suscite que du plaisir, ou, au minimum, une absence de stress majeur.

Dans les deux cas, il paraît néfaste d'essayer d'installer une cloison complètement étanche entre les deux premières vies. Les efforts faits dans la vie qui traverse des difficultés vont continuer dans l'autre vie. Il sera difficile de relâcher les tensions uniquement par un dialogue avec des proches, même s'ils sont bienveillants.

Si vous pensez que vous n'avez plus aucun proche bienveillant, ni dans la sphère professionnelle, ni dans la sphère personnelle, il serait nécessaire de consulter un médecin, car c'est peut-être un signe de tendances dépressives.

Une cloison étanche érigée par principe (« on ne mélange pas la vie professionnelle et la vie privée ») peut, à la longue, générer des problèmes de santé. Pour ceux qui ont quelques prédispositions à ces pathologies, les lombalgies et les douleurs d'estomac sont des voies privilégiées par lesquelles votre corps vous signale que les tensions s'accumulent beaucoup trop. Ainsi un professionnel qui avait de grosses difficultés conjugales, et ne voulait pas en faire état à quiconque dans son entourage, s'est retrouvé avec un dos complètement bloqué que des chirurgiens s'apprêtaient à opérer. Ces problèmes de santé, conjugués aux problèmes de couple, ont installé un syndrome dépressif important. Cette personne va aujourd'hui beaucoup mieux, sans opération, en ayant suivi un cycle de formation sur les postures dorsales, en ayant franchi une étape décisionnelle dans sa vie personnelle, et en ayant suivi un stage au CREDIR qui lui a permis de mieux comprendre les interactions entre les trois vies.

Ces quelques lignes vont apparemment dans le sens inverse du titre de chapitre. Il faut éviter les cloisons étanches, mais il faut disposer un système de cloisonnement, sinon les questions et les observations vont être continuelles et mal vécues dans leurs répétitions.

Vos proches bienveillants, au travail ou dans la famille, vous observent. Ils détectent notamment des signes de fatigue, de stress, de découragement, d'irritabilité. Ils vont avoir tendance à vous scruter après chaque séparation, même de quelques heures, puisque, si vous êtes structurellement fatigué, cela se verra plus à certains moments de la journée.

Ces regards insistants, ces questions sur l'évolution des difficultés traversées, sont insupportables à haute fréquence. Le stress accumulé au travail pendant la journée a besoin d'être évacué le soir. Si vous passez de longues minutes à raconter tous les soirs ce qui s'est passé, vous continuez à vous tendre au lieu de vous détendre. La situation est exactement la même quand vous avez des sujets de souffrance dans la vie personnelle (accompagnement d'un grand malade, couple en déliquescence, etc.). Vous n'avez pas envie de passer la première heure au travail en explications ponctuelles ou continues. Vous avez au contraire envie de relâcher un peu la pression par le retour à des tâches professionnelles qui permettent une certaine évasion.

Voilà donc un dilemme. Ne rien dire et ne rien partager est mauvais. Ne pas limiter les questions et les scrutations est vite invivable. Voici ma recommandation, qui est née de la pratique des entretiens avec des individus confrontés à des situations difficiles : au travail comme au domicile, indiquez que vous êtes prêt à donner des nouvelles, mais à une fréquence réduite, que vous allez fixer et annoncer à l'avance.

Dans le cas d'un conjoint qui cherche du travail, depuis longtemps, alors que l'autre conjoint a son propre travail, il est sain de dire que le sujet de la recherche d'emploi ne sera pas abordé chaque soir de jour ouvrable. Une réunion hebdomadaire aura lieu par exemple pendant le week-end. Elle sera préparée, par écrit, par celui qui cherche, et qui veillera à résumer les principaux évènements de la semaine. Les points négatifs et les points positifs seront triés. Les actions de la semaine suivante seront annoncées.

Au travail, si des collègues bienveillants s'inquiètent de ce que vous vivez dans la vie personnelle, vous pouvez procéder de même. Un jour de la semaine que vous choisirez, vous pouvez proposer de partager un café et un repas, en communiquant les nouvelles personnelles, si possible à plusieurs collègues en même temps, en leur demandant de ne pas ou de ne plus poser de questions, jusqu'à la prochaine discussion dont vous maîtrisez la date, le lieu et l'heure.

Cette idée d'organisation est très simple. Nombreux sont les cas où elle a permis de réduire les tensions, et de retrouver de l'oxygène et des sourires dans la vie professionnelle ou dans la vie personnelle.

Clé 27

MÉFIEZ-VOUS DE L'ESCALADE DE VOTRE ENGAGEMENT

Les universités américaines proposent depuis deux ou trois décennies une discipline qui reste un peu trop méconnue dans certains pays européens: Organizational Behaviour & Human Performance (prononcez OBee!). C'est un mélange de théorie des organisations, de gestion des ressources humaines, de psychologie, etc. En parcourant ces manuels de formation, je me suis dit que la formation initiale des professionnels d'entreprise avait bien progressé par rapport à ce dont j'avais bénéficié dans les années mille neuf cent quatre-vingt.

De nombreuses recherches ont ainsi été lancées dans le domaine du comportement et de la performance des organisations et de leurs acteurs, aux plans individuels et collectifs. Le concept d'escalade de l'engagement apparaît central dans des périodes de difficultés et dans des trajectoires d'échec, car il correspond à ce que j'ai entendu et ce que j'entends de la part de professionnels.

Imaginons un projet de développement dans lequel une équipe et son chef de projet se sont impliqués depuis des mois ou des années. Il y a des résultats intéressants, mais ils ne sont pas suffisants ou ils arrivent en retard. Quelqu'un d'extérieur à l'équipe pose un jour la question qui fait mal: ne faudrait-il pas arrêter le projet? La réponse officielle va être de patienter. Mais souvent, la conséquence de la question posée, va être de travailler encore plus, d'investir encore plus. La réussite devient encore plus un impératif, par orgueil individuel ou collectif. « Nous n'allons quand même pas leur donner raison ».

Le groupe ou l'individu s'engage de plus en plus pour essayer de montrer que tout ce temps passé, tous ces moyens financiers investis, ne seront décidément pas vains.

Ce phénomène s'apparente à une fuite en avant, mais il est plus sournois car il a tous les attributs du sérieux. L'engagement est tellement fort qu'il se traduit, au moins initialement, par des justifications fondées sur des raisonnements très travaillés. L'activité du cerveau a été boostée pour démontrer que c'est la seule issue. « Ne regardez pas dans le rétroviseur, mais projetez-vous dans la conquête de nos nouvelles frontières ». C'est très convaincant. Et c'est souvent le grand chef ou l'être aimé qui mène la bataille.

Le phénomène d'escalade d'engagement se rencontre dans toute une série de domaines, y compris en dehors des entreprises.

Les scientifiques qui ont fait des recherches sur ce phénomène se sont intéressés à la guerre du Vietnam. Cela faisait longtemps que des observateurs avisés avaient compris que la partie était perdue. Pourtant les états-majors militaires et politiques continuèrent à s'engager. Certains diront qu'ils voulaient éviter de se confronter à toutes ces vies et à tous ces dollars perdus.

Autre exemple : un jeune adulte se lance dans un projet un peu fou, un projet de voyage au bout du monde, alors qu'il n'a jamais quitté son pays et que son niveau d'anglais est très rudimentaire. Les parents expriment leur avis relativement tôt. Le jeune va s'entêter et continuer, quitte à partir, sans être bien préparé, tout cela pour ne pas reconnaître son erreur devant une autorité qui agace.

C'est évidemment un phénomène qui alimente les romans et les films dans le domaine amoureux. Face à une conquête difficile ou à des différences sociales ou religieuses apparemment insurmontables, l'amoureux fou va s'engager de plus en plus pour atteindre son objectif.

Ce phénomène est un classique dans toutes les entreprises importantes qui ont une culture de suivi mensuel des écarts entre les performances réelles et les performances budgétées. « Nous allons nous faire engueuler par le grand chef. On va arranger les chiffres ce mois-ci et on se récupérera sur un mois suivant qui sera souvent meilleur ». C'est encore plus commun quand une entreprise est cotée en Bourse et qu'elle communique trimestriellement ses résultats, mais surtout ses perspectives futures. Quand on constate l'ampleur des variations de valeurs d'entreprise après une réunion trimestrielle avec les analystes financiers, on comprend combien le dirigeant est sous pression et peut avoir tendance à présenter un avenir un peu plus rose, sachant qu'il ou elle a confiance dans sa capacité à mettre ses troupes sous pression pour y arriver.

Cette escalade de l'engagement est donc un phénomène naturel dans les organisations et chez les individus. Il se renforce encore quand la fatigue et le stress se sont accumulés face à des résultats décevants. Quand il ne se renforce pas, il est de moins en moins bien détecté par des individus, dont la rationalité est entamée par des mois de luttes et de déceptions.

Cette escalade de l'engagement est responsable de la détérioration de la qualité des décisions, chez des individus ou des groupes en situation périlleuse.

Alors que le couple ne va pas bien, un des conjoints fait un cadeau totalement disproportionné par rapport à ses habitudes. L'effet attendu ne se produit pas, souvent c'est un peu l'inverse. On frise le ridicule.

Dans le monde de la petite entreprise, ce phénomène s'observe chez le patron propriétaire qui sort voir les clients pour prendre les commandes, qui vont « sauver la boîte ». Seul à décider, en pleine escalade, ce patron offre des conditions tarifaires exceptionnelles ou attache peu d'importance à des clauses contractuelles dangereuses. Ce qu'il accepte seul, il ne l'aurait pas permis à un collaborateur commercial. Et les tribunaux de commerce sont pleins de faillites d'entreprises, qui allaient moyennement bien, mais où la commande de trop a provoqué la plongée finale.

L'implication commerciale du patron est souvent essentielle pour sortir d'une impasse, mais elle peut aussi être une échappatoire qui rend le chef d'entreprise insuffisamment disponible à d'autres sujets cruciaux pour sortir de la crise. Une commande arrachée, c'est une petite victoire agréable, mais est-ce le bout du tunnel ?

Aux plans personnels ou professionnels, la seule et unique protection contre ce phénomène très dangereux est de ne pas rester seul, en général d'abord, mais en particulier dans les prises de décisions cruciales.

Le patron d'une entreprise en difficulté ne devrait jamais signer seul, sans consultations, une commande qui représente plus de cinq pour cent du chiffre d'affaires annuel.

Le conjoint d'un couple qui va mal ne devrait jamais quitter le domicile familial sans avoir mûri la décision avec un ami ou avec un thérapeute.

L'acquéreur d'un bien immobilier de ses rêves ne devrait jamais signer seul face au cédant et à ses mandataires sans avoir pris l'avis d'un tiers objectif, si possible de la partie, comme un architecte.

Le stress positif (enthousiasme) et le stress négatif (doute) sont des engrais puissants pour la mauvaise herbe que constitue l'escalade de l'engagement. Entourez-vous de bons jardiniers, évitez les apprentis sorciers, et sortez de votre tour d'ivoire.

Clé 28

PRENEZ GARDE AU TROU SANS FOND

Cette section concerne un phénomène proche de l'escalade de l'engagement, mais qui comporte des facteurs de complexité supplémentaire.

Prenons l'exemple d'un chef d'entreprise en difficulté rencontré récemment. Il est à la tête de l'entreprise créée par son père qui s'est enfin éloigné, alors qu'il approche lui-même de ses cinquante ans. Le père n'était guère ouvert à des idées neuves parce que sa gestion avait fait la preuve de son efficacité depuis tant d'années.

Fatigué de ces combats d'arrière-garde, le fils s'empresse de prendre une décision immobilière contraire à l'avis de son père, dès qu'il a le dos tourné. Cette décision est parfaitement justifiable et justifiée. Mais peu de temps après, des difficultés relationnelles avec des collaborateurs génèrent des démissions et des conflits sociaux. L'entreprise ne va pas bien et se rapproche d'une situation périlleuse.

Un des conseils du dirigeant, dont on ne citera pas le métier pour ne pas stigmatiser une profession, où il y a des bons et des moins bons éléments comme partout, suggère alors de remettre de l'argent dans l'entreprise en vendant du patrimoine immobilier personnel. Le dirigeant donnera ensuite des cautions supplémentaires.

Il est prêt à faire tout pour sauver l'entreprise, qui porte son nom de famille sur le fronton, et le prénom d'un père, qui observe ce qu'il qualifie être les « conneries » de son fils.

L'histoire se terminera par une faillite avec des réserves financières personnelles plus ou moins anéanties. L'argent réinjecté et les cautions données n'auront servi qu'à écoper dans un bateau où les voies d'eau n'étaient pas efficacement traitées, ou bien étaient déjà de nature à conduire l'embarcation à un naufrage certain.

Les problèmes sont encore plus sérieux sur un plan individuel. Les circonstances sont parfois telles, qu'il s'agit de savoir s'il y aura de quoi payer le loyer, de quoi payer les études d'un enfant, voire même de quoi manger ce soir... Face à l'absolue nécessité, l'individu est prêt à n'importe quel emprunt pour régler le problème immédiat. Au moins initialement, ce n'est pas difficile. C'est extrêmement dangereux de pouvoir faire des courses de première nécessité dans une grande surface en négociant un prêt à la consommation. Cela ne devrait même pas être possible. Quand c'est la première fois, un ami ou un membre de la famille va dépanner. L'emprunteur pense qu'il va se refaire, comme au casino. Mais les problèmes à l'origine de cette impasse de trésorerie ne sont pas traités ou traitables immédiatement. Et bientôt, il faudra passer un temps considérable pour retrouver de l'argent pour rembourser un autre prêt, avec de grandes complexités affectives quand les dépannages se font dans la famille ou auprès de très bons amis.

Seule la fermeté de principe permettra d'éviter les catastrophes futures. Elle doit être préparée à froid par une information et une formation. Elle doit être communiquée aux proches qui pourront rappeler les grands principes en cas de doutes et de situations périlleuses.

En entreprise, le principe est simple. « Je ne remettrai jamais d'argent, je ne donnerai jamais de caution, dans une entreprise qui est en difficulté, et dont les difficultés n'ont pas été complètement traitées ou ne peuvent être totalement surmontées ». Si la tendance va invariablement vers la restructuration, la revente ou la faillite, alors il ne sert à rien de retarder l'issue en s'appauvrissant personnellement. L'argent ainsi préservé servira pour vivre en attendant de rebondir. La caution est la pire des choses, car, après la faillite, alors que l'échec est là, il faut aller pomper dans des réserves personnelles, au combien utiles pour l'avenir, pour éponger le trou du passé.

Sur le plan personnel, la philosophie devrait être la même. Mais il n'est pas rare d'être confronté à des situations de détresse totale, comme la crainte d'une saisie de mobilier ou d'expulsion du logement principal. L'aide est impérative, mais il faut la dédoubler : elle doit être un peu financière, mais elle doit être surtout humaine ou sociale. L'individu acculé, désespéré, n'a plus les ressources intellectuelles, la rationalité, pour prendre seul les bonnes décisions. Il faut se faire aider par un ou une spécialiste des situations de détresse financière. L'aide sociale, pas forcément sous forme financière, existe dans de nombreux pays. Ne pas rester seul, ne pas avoir honte, se faire accompagner par des personnes compétentes sur le plan technique et émotionnel, voilà à nouveau un conseil déjà si souvent donné dans ces lignes.

Clé 29

DANS LES SÉPARATIONS HUMAINES FORCÉES, FAITES-VOUS ACCOMPAGNER

L'homme est un animal social, qui n'est pas fait pour la vie en solitaire. Quand des liens sociaux ont été tissés et vécus pendant des années, il est douloureux de les détricoter.

À première vue, on peut imaginer qu'une séparation est d'autant plus difficile qu'il s'agit d'une personne très proche, avec des liens familiaux. Mais notre expérience d'écoute de centaines de récits de vie montre que la fréquence de la vie commune est un facteur souvent prépondérant. L'infarctus d'un collègue, après dix ans dans le même bureau, peut être plus difficile à vivre que le décès d'un père qui vit à des centaines de kilomètres depuis des décennies. Une séparation n'est pas une question binaire : l'autre était présent, l'autre est désormais absent. C'est une problématique multifactorielle et complexe. Un deuxième cerveau bienveillant et formé peut permettre d'accélérer le deuil de cette séparation afin de préparer le rebond vers une phase de vie moins nostalgique et plus épanouissante.

Si la séparation est souhaitée, dans la sphère personnelle ou dans la sphère professionnelle, cela ne suffit pas pour que tout soit facile. Il faut mettre cette séparation en œuvre en la préparant, en l'annonçant et en l'assumant a posteriori. Quand un binôme se sépare (couple, duo d'associés, duo hiérarchique chef/adjoint, etc.), l'environnement observe, peut rester neutre, mais prend souvent parti.

Évitons les bravades : la majorité d'entre nous détestons ces phases de séparation, voire en avons peur. Cette peur induit une tendance au déni de la nécessité de la séparation, et au report de la prise des décisions.

Dans les petites entreprises, c'est un casse-tête et un crève-cœur de licencier. Le patron connaît tout le monde. Il a embauché la majorité des présents. Il connaît les situations familiales. Toutes les raisons vont être bonnes pour essayer d'éviter de faire partir des collaborateurs, surtout pour des raisons économiques. La difficulté à nommer des partants peut en effet être renforcée par la culpabilité : « si je dois faire partir du monde, c'est parce que je n'ai pas bien géré l'entreprise. »

Dans les grandes entreprises, la méconnaissance des personnes choisies peut réduire un peu les scrupules, du fait de la taille des organisations. L'effectif est un chiffre dans un tableau de bord et peut déshumaniser la gestion des collaborateurs. Mais la complexité des opérations, entre les lois sociales et les discussions avec les représentants du personnel, reste des freins par rapport à une gestion uniquement comptable des effectifs. Derrière les patrons des grandes organisations, il reste des femmes et des hommes qui savent qu'il y aura un après : des décisions injustifiées de réduction d'effectifs et des mises en œuvre inhumaines vont casser la crédibilité des auteurs de ces erreurs.

Il n'en reste pas moins vrai que l'adaptation des effectifs à la charge de travail découlant des commandes enregistrées est un impératif économique. En dérogeant à ce principe, le dirigeant prend le risque de mettre tout le groupe dans une situation précaire. Un dirigeant qui aurait la fierté de ne pas avoir licencié et qui ferme l'entreprise après une faillite n'en tire aucun bénéfice humain. Un patron a la responsabilité d'assurer la pérennité de l'organisation avant de regarder les situations individuelles.

Comme en entreprise, les séparations personnelles sont plus complexes qu'elles n'apparaissent initialement. Quand un couple a vécu ensemble pendant des années, il a probablement une série d'amis proches. Au moment de la séparation, que vont faire ces amis ? Prendre à deux le parti de l'un, refuser de prendre parti, se disputer parce que chacun défend l'autre?

S'il y a des enfants ou des parents, ces problèmes de fidélité à l'un ou à l'autre vont être très complexes, et se dérouleront rarement comme on l'avait prévu.

La prise de décision, l'annonce et la vie postérieure, sont donc tout aussi délicats dans la sphère personnelle que dans la sphère professionnelle. Une seule recommandation paraît utile : ne pas rester seul et se faire accompagner. Comme ce sont des processus très délicats et particuliers, il est logique d'avoir recours à des intervenants qui ont l'habitude de ces situations, qui ont le regard extérieur qui permettra de trier les peurs primaires des craintes justifiées.

En entreprise, cela pourra être un spécialiste extérieur des ressources humaines, un avocat en droit social, un expert-comptable, etc. Il est probable que la personne en charge des ressources humaines ne suffira pas comme sparring partner du dirigeant, surtout si elle est en place depuis longtemps. Ces deux managers auront la même difficulté à imaginer la séparation avec des personnes qu'ils ont recrutées.

Dans la sphère personnelle, le recours à un thérapeute spécialisé ou à un conseiller conjugal, permettra de limiter les doutes, les erreurs, voire les actions destructrices des individus.

Clé 30

RECHERCHEZ DES PETITES VICTOIRES

Ce concept de petites victoires est devenu un élément essentiel dans l'accompagnement de professionnels en transition. Mais d'où vient-il ?

Des logiciels d'analyse textuelle ont été utilisés pour analyser les centaines de pages de transcription issues d'une quinzaine de récits de vie de professionnels en difficultés. L'expression « petites victoires » revenait souvent, soit telle quelle, soit via des équivalents : « ces petits signes qui renforcent mon optimisme et suggèrent que rien n'est perdu ».

Quand le constat est fait qu'une idée ou une circonstance est évoquée à plusieurs reprises par des personnes différentes, qui n'ont aucun lien les uns avec les autres, un enseignement est tiré : un individu confronté à de grandes difficultés se raccroche à des situations, où il a l'impression que son action a déterminé le cours d'un évènement, même très mineur.

Un tel enseignement est le fruit du travail de recherche en sciences sociales sur le terrain. Il convient ensuite de confronter l'enseignement du terrain à ce qui a déjà été publié sur le sujet. Le travail est aujourd'hui facilité par la numérisation d'une partie importante des publications qui sont accessibles via internet, sur des bases de données ouvertes ou restreintes et payantes.

Ce concept de petite victoire paraissait vraiment de plus en plus fréquent et pertinent au travers de nouvelles rencontres avec des professionnels en difficulté. Il semblait exister peu d'études de ce phénomène. La seule trace détectée datait d'un congrès de psychologues américains en 1984, ce qui ne veut pas dire que ce soit la seule. La masse des publications scientifiques mondiales est telle qu'il est difficile de garantir que la recherche bibliographique est complètement exhaustive.

Même si ce concept ne fait pas partie des concepts totalement nouveaux issus de ce travail de recherche, la mise en évidence des petites victoires nécessaires pour combler le manque de grandes victoires dans une trajectoire de professionnel en difficulté illustre bien l'intérêt de recherches, qui associent une profonde connaissance pratique du terrain et les démarches de recherche issues du monde universitaire.[24]

Ces petites victoires sont également pertinentes pour des individus qui traversent des périodes de transition vécues négativement ou des échecs à titre personnel. Un des exemples les plus parlants est celui de ces personnes atteintes d'une maladie grave, physiquement invalidante, qui se lancent des défis physiques et sportifs. Des malades cardiaques, qui escaladent un haut sommet, visent une victoire, qui n'est certes pas petite, mais qui n'est pas celle dont ils rêveraient, la guérison définitive. Il s'agit de concentrer son attention et son énergie sur une victoire potentiellement à sa portée, malgré d'autres circonstances adverses contre lesquelles la lutte est difficile.

L'utilité psychologique de ces petites victoires est donc connue dans d'autres domaines que celui de l'entreprise. Mais sa mise en évidence dans des processus de difficultés professionnelles, voire personnelles (rupture sentimentale), permet à la fois de mettre en avant l'intérêt de ce concept, mais aussi ses dangers.

Vous êtes dans une situation que vous percevez comme très négative. L'organisation qui vous emploie va mal et vous allez perdre votre emploi dans une région, où il sera bien difficile de retrouver un équivalent. L'entreprise que vous avez fondée est dans une situation tellement détériorée qu'une restructuration, une revente ou une faillite sont les trois seules perspectives. Un de vos proches est condamné par une maladie incurable. Vous avez détecté l'infidélité de votre conjoint et ne savez pas ce que votre couple va devenir.

---

24 C'est l'occasion de rappeler que ni la thèse, ni le centre CREDIR, ni ce livre, n'auraient probablement vu le jour sans l'existence de programmes de doctorat ouverts à des praticiens. D'un côté, les entreprises n'ont ni le temps, ni la volonté, de faire des recherches fondamentales, avec peu de retombées économiques, notamment dans le domaine des sciences de gestion. De l'autre côté, les universitaires, qui poursuivent une carrière académique, sont poussés à l'hyperspécialisation dans l'écriture d'articles pour des revues scientifiques, peu diffusées, et destinées à développer leur classement et leur notoriété. Le système ressemble un peu à un classement de tennis. Publier un article dans une revue très respectable s'apparente à la victoire dans un bon tournoi de tennis. Cela rapporte des points et permet d'être repéré par des universités de plus en plus prestigieuses. Dans ce système, il y a trop peu de préoccupations pour transmettre le savoir créé hors du cercle académique.

Vous ne connaissez pas ce concept de petites victoires, ce besoin qui pourrait être un instinct de survie psychologique. Vous allez inconsciemment chercher des petites victoires. Certaines seront utiles. D'autres peuvent générer une satisfaction initiale, mais vont avoir un impact négatif.

L'exemple simple est celui du bruit des voisins, particulièrement insupportable, alors que vous traversez une période, où le calme est nécessaire pour essayer de se détendre et pour récupérer par un sommeil efficace. Vous appelez la police qui se déplace. Vous avez le calme pendant la nuit. Mais vous vous rendez compte après qu'une mini-guerre est déclarée. Votre vie est de plus en plus polluée par des querelles de voisinage. Ce n'était qu'une victoire de très court terme.

Un autre cas intéressant est celui de l'écriture de messages (courriels, textos, posts, etc.) dans les sphères professionnelles ou personnelles. C'est une communication en temps différé. Contrairement au dialogue visuel ou téléphonique, vous communiquez alors que votre interlocuteur n'est pas là pour interagir ou réagir.

Dans une période délicate, vous détenez certainement un stock de sentiments et de jugements plus ou moins négatifs sur telle ou telle personne, qu'ils soient liés à une situation particulière, ou qu'ils soient un peu structurels. Cette communication désynchronisée, dans un contexte de recherche plus ou moins inconsciente de victoires, va se traduire par des phénomènes que vous n'aviez pas envisagés. La rédaction d'un courriel, où vous allez enfin dire ce que vous aviez à dire va se traduire par une petite victoire à court terme, d'autant plus que le destinataire du message ne peut réagir immédiatement. Mais ce que vous allez écrire va rester gravé. Vos mots découlent de votre état du moment. Cette envie de petite victoire va sans doute avoir réduit vos inhibitions dans la transmission de messages durs pour le destinataire (si vous en avez…) Ce sera rarement une communication bien ressentie par le destinataire, ou tout au moins ressentie comme vous vouliez qu'elle le soit.

N'oubliez pas que vous traversez une période de stress et de fatigue qui induit des fluctuations de disponibilité et de rationalité dans une même journée. Le courriel écrit à quatre heures du matin, fruit des insomnies et de la caféine, va générer une petite victoire de courte durée. À neuf heures, quand le destinataire aura lu le message à une heure normale, il sera souvent plus en forme que vous pour réagir. Votre petite victoire aura vécu…

Voici quelques exemples de saines petites victoires.

Le domaine prioritaire est celui de l'exercice physique car votre victoire sera double : elle aura un impact favorable sur le plan physique et elle apportera un contentement au niveau psychologique. Ne plus prendre l'ascenseur, allonger de quelques minutes le parcours de marche quotidienne, courir plus longtemps le week-end, etc. Vous avez la capacité d'y arriver car l'effort physique est à votre portée. C'est purement une question de volonté. Avoir cette volonté vous prouvera que vous restez capable de vous battre.

Pour reprendre un exemple précédent, délivrer un message par oral au lieu de le faire par courriel, c'est une vraie petite victoire. Vous avez le courage de dire les choses en face, et vous aurez parfois des surprises parce que la conversation vous donnera des exemples insoupçonnés de bienveillance à votre endroit.

Dans la sphère personnelle, les exemples de petites victoires potentielles sont légion. Oublions tel ou tel service rendu, qui pourrait aspirer vos vagues à l'âme en concentrant votre attention sur une tâche matérielle… Décider une sortie, à l'improviste, par exemple au cinéma, alors que vous n'y avez plus goût, car vous êtes fatigué le soir et vous n'avez pas envie de sortir. Votre conjoint, votre enfant, vos amis, comprendront qu'il y a à la fois de la générosité (qui ne coûte pas trop cher si votre situation financière est très délicate), mais aussi une capacité à s'abstraire, au moins provisoirement des soucis. Ils y verront un signe que vous n'êtes pas complètement au fond d'un abîme d'isolement face à l'adversité.

Il est très important de connaître ce phénomène des petites victoires. Il permettra de se méfier de la recherche de soi-disant grandes victoires à court terme, qui vous font finalement plus de mal que de bien. Vous pourrez aussi mieux traverser les périodes difficiles, en trouvant des actions à entreprendre ou des tâches à effectuer que vous êtes quasiment certain de réussir.

Une petite victoire suscitée chaque jour par vous et pour vous : c'est un élément déterminant dans la traversée des périodes difficiles.

Clé 31

DONNEZ-VOUS RÉGULIÈREMENT DES OCCASIONS DE RIRE ET DE FAIRE LA FÊTE

Voici un chapitre qui n'existait pas avant cette pandémie de 2020.

Quand on croise une personne qui a vécu une période très douloureuse de sa vie, un deuil, une perte d'emploi, une faillite d'entreprise, ou une séparation, le premier réflexe n'est pas de dire : « faisons la fête et partageons des histoires drôles ». C'est plus souvent « buvons un coup pour oublier ».

Je n'avais pas ressenti le besoin de rire pendant les entretiens menés avec des dirigeants d'entreprises en difficultés au cours de ma thèse. Le ton de leurs récits de vie avait été sérieux, voire grave et émouvant, mais rarement rieur.

Veuve ou chômeur depuis peu… Rire n'est pas socialement très convenable dans certaines circonstances et dans certaines cultures.

Dès le premier stage du CREDIR en 2013, nous avons organisé des dîners festifs pour souder l'équipe des participants et se détendre après des journées de travail très intenses. Nous comptions sur l'animateur invité (magicien, metteur en scène, sommelier, chanteur) pour générer délicatement de la gaieté, alors que nous accueillons souvent des participants déboussolés par des évènements graves. Ces soirées dans la gaieté n'ont jamais été mal reçues. Au contraire. Ce sont souvent les stagiaires qui font passer du sourire au rire, avec des histoires drôles ou des témoignages souvent pleins d'autodérision. Une de nos soirées les plus drôles fut spécifiquement égayée par un entrepreneur du funéraire au bord de la faillite. Quand on s'affranchit de préjugés sociaux parce qu'on perçoit la parité bienveillante des autres participants, rire paraît d'autant plus naturel et bénéfique.

En 2020, le confinement lié à la pandémie nous a privés des rencontres physiques avec nos proches. Les apéros en visio ont compensé une partie de ce manque chez certains. Nombreux sont ceux qui ont consommé beaucoup de films et de séries pour tuer l'ennui, et compenser l'absence de sorties au cinéma, au théâtre, ou pour des concerts. Nous avons la chance de vivre une époque où nous ne sommes plus contraints par les programmes des chaînes de télévision ou par la location de supports physiques, cassettes puis disques vidéo. Les plateformes de streaming et les vidéos à la demande sont à notre disposition pour un prix moindre qu'une soirée au cinéma.

En France, les films qui semblent avoir eu le plus de succès pendant le confinement de la pandémie sont ceux de Louis de Funès, un acteur fétiche dont je vous ai parlé dès l'introduction. Ouf, je ne suis pas le seul, et les jeunes générations apprécient également.

Nous sommes en face d'un probable effet antidépresseur similaire à celui du chocolat chez certains d'entre nous. C'est évidemment plus tripal, voire tribal, que stimulant intellectuellement. Cet acteur a souvent fait l'objet de critiques des milieux intellectuels par manque d'élévation de la pensée. Certains films se contentent de distraire, sans autres ambitions, comme la série des Gendarmes. Mais, grâce à de merveilleux écrivains de l'image, comme Gérard Oury ou Claude Zidi, certains films sont des fables pleines de sens : de Funès face à l'argent (son or dans *La Folie des Grandeurs* ou dans *L'Avare*), de Funès face à la gastronomie (*L'Aile ou la Cuisse*), de Funès face au désir de concorde entre les religions (*Rabbi Jacob*), de Funès face à la Résistance (*La Grande Vadrouille*), de Funès (et Bourvil) face à la bagnole (*Le Corniaud*), de Funès face à la science (*Hibernatus*), de Funès très tôt face à l'écologie et au productivisme (*La Zizanie*), etc. Ces auteurs de fables cinématographiques réveillent en nous les tripes de la tribu des Français, souvent de tous les francophones, comme Goscinny et Uderzo ont su le faire avec Astérix et Obélix.

Citoyens de différents pays, nous aimons tous rire, pas toujours de la même chose, mais c'est un besoin vital. Si ce sujet vous intéresse, vous trouverez beaucoup d'études scientifiques qui confirment les bienfaits du rire qui permettrait, pardonnez du peu, d'évacuer le stress, de diminuer la tension artérielle, de doper l'immunité, de calmer la douleur, d'augmenter la confiance en soi, etc.

Confinés, nous avons été souvent confrontés à la solitude. Soit parce qu'on était seul dans un logement, soit parce que les autres n'aiment pas le même film. Ces films ont été des occasions de rire seul, que soit socialement correct ou non, suivant la gravité de la situation traversée.

Mais le rire se nourrit de contagion, et c'est limitant d'être seul. La fête va souder les participants autour de pratiques, de souvenirs, de valeurs, de ruptures avec le quotidien, etc. La fête va amplifier les bienfaits du rire.

Il faut donc voir le rire et la fête comme des carburants essentiels du moteur du rebond, à l'instar de l'oxygène ou de l'eau.

Comme beaucoup de ces trente-trois facteurs clés, vous ne trouverez pas dans ce chapitre une très grande originalité. Mais dans ce chapitre, il y a beaucoup de vécu. Avant le démarrage du CREDIR, nous ne pensions pas qu'il était autant possible et utile de rire dans l'adversité.

C'est dans l'assemblage de conseils venant de différents horizons scientifiques et d'expériences vécues ou racontées que se situent les clés d'un parcours de rebond. Dans ce cocktail aux trente-trois ingrédients, n'oubliez pas une pincée de rire et un zest de fête.

Clé 32

RÉÉVALUEZ RÉGULIÈREMENT VOS MOTIVATIONS POUR DÉTERMINER SI VOUS AVEZ ENCORE ENVIE DE VOTRE VIE ACTUELLE

La question du basculement dans les phases de transition et d'échec a été abordée préalablement. Il existerait un moment qui détermine un avant et un après.

L'avant correspond à une période où la difficulté que vous rencontrez est potentiellement curable. Elle est identifiée, elle perturbe la vie au quotidien, mais elle n'est pas encore de nature à générer des changements majeurs et définitifs dans votre situation personnelle ou professionnelle.

Dans l'après, il est nécessaire d'adopter des comportements et des modes de décision fondamentalement différents. D'ailleurs les proches et les nombreux tiers qui jouent un rôle dans votre vie vont probablement faire de même.

Après le basculement, les perspectives ont changé. L'expression populaire « il faut sauver les meubles » est très significative. Vous allez être expulsé de votre domicile et il faut éviter que des objets sentimentalement importants soient saisis. La gestion de votre entreprise va être prise en mains par un administrateur judiciaire ou par un repreneur... Il serait bien de mettre à l'abri les croquis de nouveaux produits que vous aviez laissés au bureau d'étude, ou de prévenir un client et ami, qu'il n'envoie pas tout de suite les trente pour cent d'avance qui sont attendus pour lancer sa commande...

Ce basculement a changé la donne par rapport à votre avenir. Le combat que vous meniez pour faire rentrer des commandes coûte que coûte permettra peut-être de sauver l'existence de votre entreprise, alors que le maintien à votre poste à la tête de l'entreprise reste compromis. La tolérance dont vous faisiez la preuve face aux infidélités de votre conjoint ne permettra pas de sauver la famille, car votre fille a découvert le pot aux roses et refuse de voir l'infidèle.

Il est donc temps et il est légitime que vous commenciez à penser à vous. Dans la grande majorité des cas, votre nature humaine vous a conduit à vous sacrifier un peu ou beaucoup pour essayer de redresser une situation détériorée. Vous aviez initialement une envie forte de revenir au bon temps où cette situation vous satisfaisait pleinement.

Maintenant la situation a changé. Essayez de ne pas penser au passé. Les évènements sont là. Mais, comme vous êtes encore en pleine phase de transition, les regrets ou la recherche de responsabilités sont improductifs. C'est un gaspillage de ce qui vous reste de plus précieux et que vous sentez fragile : votre énergie personnelle.

Seul dans un moment de calme et de lucidité, prenez une feuille blanche. Écrivez la question : quelles sont aujourd'hui mes motivations pour l'avenir ? Pensez à ce pour quoi vous allez vous battre aujourd'hui et surtout demain.

Si vous ne parvenez pas à écrire, ou si vous ne voyez pas clair dans ce que vous avez écrit, faites-vous impérativement aider par un tiers pour discerner vos motivations. Quand ce travail aura été fait (c'est une affaire de jours et pas de semaines ou de mois), lisez tous les matins la liste de vos nouveaux objectifs. Ils pourraient être au nombre de trois : un pour la vie professionnelle, un pour la vie personnelle, et un pour votre existence dans une troisième vie.

Prenons des exemples.

Dans la vie professionnelle, quel que soit mon avenir, je vais chercher à transmettre mon métier en faisant de la formation. Je commence à chercher des établissements de formation initiale ou professionnelle, qui seraient intéressés par ce que je sais faire.

Dans la vie personnelle, je veux donner du temps à une personne que j'avais négligée, car je ne faisais que travailler : activité culturelle, garde de petits enfants, bricolage chez un autre, etc.

Dans la troisième vie, je veux reprendre la musique que j'avais abandonnée à trente ans. Pour me forcer à être régulier, je vais faire de la musique avec d'autres.

Si vous y parvenez, chaque matin sera désormais différent. Vous continuerez à gérer les suites de la trajectoire d'échec que vous traversez. Il le faut, sinon votre situation matérielle pourrait encore s'aggraver. Il le faut, car vous vous sentez encore responsable vis-à-vis de tel ou tel proche, qui n'est pas responsable de tout cela et que vous voulez aider à s'en sortir. Mais votre nouvelle vie se façonne, se remplit de projets. Psychologiquement, vous retrouvez ainsi de l'énergie. Vous recommencez à vous projeter dans un avenir qui sera différent. C'est inéluctable. Il y a eu d'autres hauts et d'autres bas dans votre vie. Vous savez que dans ces nouveaux projets naîtront des satisfactions que vous pourrez un jour ou l'autre pérenniser.

Clé 33

SI L'ÉCHEC EST DÉFINITIF, FAITES UN TRAVAIL ACTIF DE DIGESTION

Dans un évènement qui s'est terminé par une situation que vous souhaitiez éviter à tout prix, que l'on peut qualifier d'échec, il y a toujours une petite mort. Ce mot est évidemment très déplaisant. Le but n'est pas ici de se lancer dans un essai philosophique. Mais il est important de ne pas être dans le déni de la réalité.

Pour ne pas réveiller des souffrances humaines, prenez l'exemple de la mort d'un animal de compagnie. Si votre chat ou votre chien meurt, votre souffrance psychologique va être liée aux nombreuses heures passées avec l'animal, à ses témoignages d'affection, aux situations dans lesquelles vous lui avez procuré des satisfactions, en le nourrissant, en le faisant courir, en le soignant, etc. Si c'est le chien d'un voisin qui meurt, un animal avec lequel vous n'aviez pas d'interaction, la souffrance éventuellement ressentie sera très fugitive.

Le temps et la distance semblent jouer un rôle déterminant dans la perception des composantes d'un deuil.

Votre poterie éclate à la cuisson dans le four. C'est perturbant : des heures passées à façonner l'objet, le contact de proximité avec ce qui va être jeté, etc.

Si vous avez passé de nombreuses heures dans une relation interpersonnelle, dans un projet, dans la construction d'un objet, l'éloignement définitif de l'être, l'échec du projet, la destruction de l'objet, créent des souffrances marquantes.

Si vous étiez l'initiateur ou le copropriétaire de cette relation, de ce projet ou de cet objet, vous allez avoir un sentiment de manque que vous n'auriez pas autrement.

Si cela vous choque de parler de mort pour autre chose que la disparition d'un être humain, soit. Mais acceptez de parler de deuil à chaque disparition d'un être, d'un projet, d'une entreprise, ou d'un objet, à qui vous aviez consacré du temps et de l'implication.

Vous avez perdu votre emploi. Vous n'avez pas été recruté sur un poste qui vous plaisait. Vous n'avez pas eu cette promotion. Votre collègue a été envoyé à votre place pour visiter ce fournisseur dans une contrée intéressante. C'est un deuil.

Vous vous êtes fâché avec votre père. Votre conjoint a une liaison, alors que vous le croyiez fidèle. Votre frère aimé s'isole dans l'alcoolisme et vous n'arrivez pas à l'aider. Votre fille est anorexique. Le batteur de votre orchestre de jazz est muté à l'autre bout du pays après dix années de musique ensemble. C'est un deuil.

Le nom de votre père disparaît du fronton de l'entreprise, qui a été rachetée ou a fait faillite. La maison où vous êtes né est revendue par votre sœur qui divorce. La Citroën 2CV que vous bichonniez depuis des années est détruite par le feu dans un col de montagne, alors que votre fils promenait fièrement sa copine. C'est un deuil.

Il est essentiel de bien repérer vos deuils, car ils doivent ensuite faire l'objet d'un travail.

Même si l'utilisation du mot digestion peut paraître triviale, elle permet de mieux comprendre ce dont il s'agit. Le deuil est toxique s'il ne fait pas l'objet d'un travail de digestion. Il va physiquement perturber votre fonctionnement hormonal. Si la douleur n'est pas trop intense, votre organisme va s'adapter et les effets resteront ponctuels. S'il s'agit de quelque chose de plus sérieux, les bouleversements dans votre organisme vont durer et générer des effets secondaires.

La digestion du deuil va permettre un tri entre les éléments toxiques ou inutiles, et des composantes aux conséquences moins néfastes. Ces conséquences s'appellent expérience, apprentissage et résilience.

Expliquer les mécanismes physiologiques et psychologiques de cette digestion dépasse nos compétences. Mais l'observation permet de constater des différences profondes entre un travail actif, contrôlé par la volonté de l'individu, et un travail passif, fondé uniquement sur le temps qui passe et une volonté d'oubli.

S'engager dans un travail de digestion des petits et des grands deuils, c'est accélérer le processus et optimiser la récolte des rares sous-produits bénéfiques de cette digestion.

Ce travail de digestion passe obligatoirement par telle ou telle forme de dialogue avec un tiers. L'écriture va être bénéfique, mais elle ne permet pas d'accélérer le processus de digestion. Le tiers va écouter, va questionner, va aider à prendre conscience des phases du deuil, va mettre en évidence la bienveillance des interlocuteurs vivants autour de soi, va relativiser en illustrant d'autres deuils connus, etc.

Il est important que cet interlocuteur ne soit pas trop engagé affectivement, ou mieux, ne connaisse pas du tout la situation de deuil. Il pourra mieux relativiser et se détacher d'un poids affectif, qui le relierait à la situation.

Toujours avec une approche pragmatique et non experte, posez-vous deux questions dans le choix de l'interlocuteur pour faire le travail de deuil.

Tout d'abord, il faut choisir entre deux catégories d'interlocuteurs potentiels. Aller vers des thérapeutes, c'est privilégier des professionnels dûment formés. Aller vers une personne qui est en parité, qui connaît particulièrement la situation vécue, c'est une autre forme de dialogue qui se créera et qui pourra mieux convenir à certains. Face au décès d'un enfant, un autre parent qui a vécu cela et qui se rend disponible dans un groupe de parole, pourra générer davantage de réconfort.

Ensuite, le choix du format de temps est important. Le récit et le dialogue qui s'ensuit peuvent se faire en une ou deux fois si on y consacre plusieurs heures. Mais ce sera rarement l'approche d'un thérapeute professionnel, qui vous engagera dans une répétition de séances courtes plus ou moins espacées.

L'expérience conduit à penser qu'un deuil très récent et très violent nécessite de travailler avec un thérapeute professionnel dans un format de séances répétitives.

Cependant, face à un deuil lointain dans le temps, sur lequel aucun travail actif n'a été effectué, ou pour des deuils non humains (projets, lieux, objets, entreprises, etc.), des pairs peuvent proposer un travail efficace en un minimum de séances.

La recommandation de synthèse est simple : identifiez les deuils, surtout les petits et ceux qui ne concernent pas la perte d'un être humain, effectuez un travail narratif sur ces deuils, et identifiez le terme de la période de deuil et les enseignements utiles pour la suite de votre parcours sur terre.

POSTFACE

Ces facteurs clés de succès sont nés initialement de l'écoute empathique de dirigeants d'entreprise confrontés à des échecs ou à des transitions, aux plans professionnels ou personnels. Ils ont ensuite fait l'objet de recherches approfondies en milieu universitaire, ce qui leur donne une plus grande solidité.

Pour certains d'entre eux, le rapprochement avec la mort et le deuil était évident. Si vous vous consacrez pendant des mois ou des années à un même projet, si vous avez l'impression d'y jouer un rôle déterminant, il est logique de faire le lien avec un enfant à qui vous auriez donné la vie. L'échec, ou même le simple arrêt de ce projet, peut évoquer la mort d'un proche, consciemment ou inconsciemment. Tout est mortel autour de nous, même, ou plutôt surtout, un projet professionnel.

C'est en entendant plusieurs professionnels d'entreprises faire le rapprochement entre leur entreprise défaillante et leur couple en échec, que j'ai compris que les enseignements de mes recherches dépassaient largement le cadre professionnel des sciences de gestion. Les trente-trois facteurs clés de succès peuvent être utiles dans de nombreuses situations humaines de transition ou d'échec : deuil, divorce, échec à des examens, etc.

Quelques jours après la soutenance de ma thèse, un ami proche fut confronté à un diagnostic de cancer. Pendant ses traitements, il procéda à la lecture de ces cinq cent vingt pages et exprima la conviction que ces facteurs clés étaient également utiles dans un combat contre la maladie.

Une autre étape cruciale entre ma thèse et la première version de ce livre fut de visionner un documentaire d'origine américaine sur le stress. Il complétera utilement cette lecture. Il est intitulé « le stress, portrait d'un tueur »[25].

Après avoir présenté les conséquences physiologiques du stress sur différentes populations d'humains et de singes, l'un des professeurs de médecine interrogé conclut qu'il serait vain de rêver d'un monde professionnel

25 Ce film est centré sur les travaux du chercheur américain Robert Sapolski, professeur de biologie et de neurologie à l'université Stanford.

sans stress. Il faut vivre avec le stress ambiant. Il faut s'en accommoder en mettant en place certaines habitudes d'hygiène de vie. Par exemple, il est prouvé scientifiquement que des mamans d'enfants handicapés vieillissent beaucoup plus vite que les autres. Mais si elles verbalisent leur vécu, par exemple dans des groupes de parole, elles limitent spectaculairement ce vieillissement accéléré. Ne pas rester seul, c'est précisément le second facteur clé de succès.

Le documentaire conclut également que, pour mieux digérer le stress professionnel, rien ne vaut l'engagement dans une activité annexe avec une socialisation et éventuellement une prise de responsabilité. C'est le facteur clé de la troisième vie.

Des recherches en sciences de gestion ont donc abouti à des conclusions identiques à celles de recherches médicales, sans influences croisées.

En relisant ces trente-trois chapitres, je n'oublie pas que tout ou partie de ce que vous venez de lire aurait sans doute pu être transmis par d'autres. Il y a trois siècles, un colon américain, obligé de remonter dans son chariot après des mois d'efforts infructueux pour cultiver un premier lopin de terre vierge, aurait pu lui aussi expliquer les conditions du rebond[26]. En remontant encore plus loin, les philosophes grecs n'étaient pas que de purs esprits ; leur pédagogie comportait des contributions étonnamment concrètes. Platon jugeait ainsi que le sport était essentiel dans la production de la pensée.

Pourquoi avons-nous oublié une partie de ces principes élémentaires de vie? J'espère lire un jour un livre traitant en détail de ces évolutions historiques. Mais, comme je n'aime pas les questions sans réponses, voici trois pistes qui mériteront d'être approfondies :

26 Le droit américain des faillites serait inspiré de ces situations où l'échec fait structurellement partie de l'initiative entrepreneuriale. En Italie ou en France, la loi de la Rome Antique a longtemps irrigué les tribunaux de commerce. À Rome, l'incapacité à rembourser des dettes se terminait par la mort dans la fosse aux lions ! Même si les différences ont été fortement réduites, le failli français reste sujet à une « liquidation » s'il n'a pas pu être « redressé ». Ces termes n'ont semble-t-il jamais existé dans le droit anglo-saxon...

1. L'individualisme

Les sociétés modernes ont progressivement placé l'émancipation individuelle et l'égalité des droits au sommet de leurs constructions morales.

Heureusement, les femmes ont ainsi pu conquérir des libertés qu'elles n'avaient pas dans des groupes uniquement fondés sur la force et la division des tâches. Les femmes ont pu progressivement voter dans les élections, choisir le moment d'avoir un enfant, décider de mener une carrière professionnelle sans trop d'inégalités, ou quitter un partenaire.

Mais la satisfaction individuelle a tendance à passer devant l'engagement collectif.

La Déclaration Universelle des Droits de l'Homme et la constitution américaine alimentent régulièrement des théories économiques et sociales fondées sur l'impératif dépassement de soi pour justifier sa place dans la société. C'est dangereux ! Les personnes qui ont besoin d'assistance et de solidarité sont si nombreuses : handicapés, malades, accidentés, victimes de catastrophes naturelles, de guerres, de crises économiques prolongées, etc. La pandémie montre combien l'accès à la santé doit être universel pour éviter la double peine : je perds mon emploi et je perds en même temps ma couverture maladie.

Les couples et les familles durent aujourd'hui moins longtemps. Les carrières à vie dans une entreprise n'existent quasiment plus. La mobilité géographique est valorisée dans les parcours professionnels. Tous, nous changeons et changerons donc plus fréquemment d'interlocuteurs au quotidien. Les liens interpersonnels sont plus difficiles à maintenir. Parfois, ils ne sont plus que virtuels à travers les réseaux sociaux.

Quand une transition délicate intervient, il ne faudrait pas rester seul. Mais c'est peut-être aujourd'hui plus difficile de trouver le bon interlocuteur disponible dans la durée. De nombreux individus affectivement proches vivent géographiquement éloignés les uns des autres. L'isolement émotionnel est fréquent. Les repères sont parfois perdus.

Le recueil d'un récit de vie dans un environnement bienveillant permet de reconstruire des repères, du sens, voire une identité, et de mieux comprendre l'impérative rupture de la solitude pour rebondir, voire simplement survivre.

2. Les remises en cause dans le domaine religieux

Les religieux ont longtemps joué un rôle d'écoute et de partage des soubresauts de la vie, toutes croyances confondues. Mais ils sont aujourd'hui moins nombreux et moins disponibles, surtout dans les religions chrétiennes séculaires. Le succès de certaines églises et salles de prière repose parfois davantage sur la convivialité procurée que sur telle ou telle doctrine.

Rencontrer une personne d'autorité, dont c'est un peu le métier, peut constituer une occasion de fertilisation croisée et de repères retrouvés. Le chef du village, le sage, le prêtre, le rabbin, l'imam, chacun peut aider à prendre conscience des aspects ordinaires de ce qui est vécu individuellement. C'est une régulation collective dans les phases de transition individuelles.

Une autre remise en cause du religieux est liée à la civilisation de l'information rapide et pas toujours vérifiée. Les errements de certains religieux ont été davantage exposés : dérives politiques extrémistes, dérives sexuelles, dérives prévaricatrices, etc. Le « faites ce que je dis et pas ce que je fais » est devenu moins facile à mettre en œuvre.

Entre la moindre disponibilité des religieux et la distanciation découlant d'une relative perte de confiance, le soutien moral individualisé des religieux pour les laïcs est devenu moins fréquent. Il n'y a pas souvent de solutions de substitution dans une écoute en tête-à-tête, si ce n'est via des professions médicales ou paramédicales qui ne sont pas financièrement accessibles à tous. Tout le monde ne peut pas assumer le coût d'un psy, surtout s'il n'est pas remboursé par une assurance santé…

3. Le rapport au temps

S'ils nous observent, nos ancêtres doivent penser que nous sommes devenus fous. Il en est probablement de même pour des civilisations qui vivent encore aujourd'hui un peu en marge du nec plus ultra des moyens de communication modernes.

Il ne s'agit pas de devenir technophobe et de rejeter tous les outils et gadgets actuels. Ainsi, quand on est chercheur, l'accessibilité en ligne de presque tous les ouvrages importants est extraordinaire. Je ne rendrais mes outils connectés, ordinateur, tablette, smartphone, pour rien au monde. Mais comment faire pour éviter les mauvaises habitudes qui perturbent le rapport au temps qui passe ?

Le premier rapport au temps qui est devenu gênant, c'est la perte de l'habitude d'attendre un résultat, de patienter. Si un évènement mondial se produit, il faut savoir tout de suite… La crise du coronavirus nous rappelle à la sagesse de Jean de la Fontaine dans la fable du Lièvre et de la Tortue : « rien ne sert de courir, il faut partir à point ». Le monde attend des réponses dans des délais scientifiquement impossibles. Certains vaccins ont nécessité une vingtaine d'années de recherche (contre la dengue). Il faudra se montrer patient.

Quand un évènement est très sérieux ou spectaculaire, les radios et télévisions ne parlent plus que de cela pendant des heures. Quand un courriel est envoyé, on oublie presque que ce n'est pas une communication en direct au téléphone ou par clavardage. Le destinataire ne lit pas tout de suite le message, et mettra sans doute du temps pour répondre. Autre sacrilège, c'est le destinataire qui choisit quand il va répondre ! Cette impatience est exacerbée dans les périodes de transition, avec la fatigue et le stress… Pourquoi ne répond-il/elle pas ?

Le second rapport au temps, encore plus problématique, est la difficulté de se débrancher de ces outils de communication. Nous avons tendance à les avoir en permanence à portée de la main, même à table. Vous connaissez maintenant les dommages que cette utilisation continue peut créer une à deux heures avant l'endormissement, mais il faut aussi limiter les envois et surtout les réceptions de courriels professionnels pendant les week-ends.

Il faudrait pouvoir couper. Imaginons qu'un professionnel qui traverse une crise grave au travail, très stressante, ait concomitamment l'idée et la capacité de fermer ses outils de communication tous les soirs avant le dîner et tous les week-ends. Il pourrait compenser l'augmentation du stress par de plus longues phases de détente et de repos…

L'exercice du récit de vie ou tout autre exercice narratif, comme l'écriture, jouent également un rôle clé pour lutter contre cette perte du rapport au temps. Le récit de vie permet notamment de reconstruire la chronologie des évènements, de les articuler les uns avec les autres. L'échec ressenti dans l'instant est plus difficile à supporter quand il n'est pas raccordé à une vie longitudinale, où alternent les succès et les échecs.

Les générations actuelles semblent donc davantage exposées aux risques de plonger dans des difficultés psychologiques sérieuses avant de rebondir après un creux de vague.

Les oscillations de la houle sont utiles.

Pour le surfeur sur sa planche, ou pour l'homme emprisonné que fut Nelson Mandela, c'est au creux de la vague que se sont construits les succès futurs.

Le surfeur voit les belles vagues arriver. Sa vie est sans doute moins stressante que celle d'autres sportifs confrontés à l'incertitude du coup de vent, de la bosse, ou de l'action de l'adversaire. Mais il doit rester vigilant, pour anticiper le potentiel de chaque vague, et soigner sa préparation.

Avec ces trente-trois facteurs clés la bonne vague du rebond sera plus facile à identifier pour utiliser cette énergie naturelle qui fait se succéder les victoires, les échecs, les blessures et les rebonds.

Pris séparément, ces facteurs clés sont souvent de simples des maximes de bon sens. Certains diront qu'il n'était pas nécessaire de faire une thèse pour les concevoir. Je suis bien d'accord.

Mais quand je vois et j'entends les réactions du public, il semble que ce soit la conjonction de ces facteurs qui les rendent utiles. Ils sont le fruit d'entretiens de terrain avec des professionnels bien réels, qui ont exprimé toutes les difficultés, dans certains cas toutes les souffrances, qu'ils ont ressenties quand ils ont été confrontés à des retournements de conjoncture personnelle ou professionnelle.

Pour Nelson Mandela, c'est notamment la lecture du poème Invictus de William Ernest Henley qui a porté sa foi dans le rebond. Cette longue préparation en prison, mélange d'infamie, de digestion des injustices, et de mûrissement salutaire, a permis de générer la force de la paix, et le rejet de la vengeance.

Que vous soyez au creux ou au sommet de la vague, gardez en mémoire la plupart de ces facteurs clés. Tant que votre cœur bat, il vous reste une capacité à vous battre et à rebondir. Elle ne s'éteint jamais, aussi ténue qu'elle puisse être. C'est en acceptant votre situation, en ne vous refermant pas sur vous-même, que vous croirez qu'un être resté vivant garde au fond de lui une forme d'invincibilité, l'Invictus de Nelson Mandela.

ANNEXE 1 : VERSION COURTE DES TRENTE-TROIS FACTEURS CLÉS DE SUCCÈS POUR LES PÉRIODES DE TRANSITIONS

Quels sont les facteurs qui vous concernent le plus ?
Faites une photocopie, cochez-les, et gardez-les à portée de la main.

☐	1	Regardez les crises et les échecs comme des étapes normales de la vie
☐	2	Entretenez le plaisir de dormir et combattez l'épuisement
☐	3	Ne travaillez pas sans arrêt : faites une pause d'un jour par semaine et de deux semaines tous les six mois
☐	4	Ne restez jamais seul
☐	5	Maintenez impérativement vos activités de troisième vie
☐	6	Faites attention à votre corps : les transitions exigent notamment un suivi médical
☐	7	Découvrez la salutogénèse et ne pensez pas qu'aux maladies
☐	8	Faites de l'exercice physique au moins trois fois trente minutes par semaine
☐	9	Hydratez-vous et nourrissez-vous sainement
☐	10	Veillez à vous priver de plaisirs addictifs au moins une journée d'affilée
☐	11	Mettez votre cerveau en pause numérique plusieurs fois par jour
☐	12	Prenez davantage conscience de l'importance de votre respiration
☐	13	Faites attention à votre image
☐	14	Soyez très vigilant sur les messages de votre environnement proche

- ☐ 15 Auto-diagnostiquez les signes de déprime
- ☐ 16 Ne considérez pas le recours à des médicaments appropriés comme un tabou
- ☐ 17 Méfiez-vous des risques de paranoïa
- ☐ 18 Sachez vous excuser vite dans de nombreuses circonstances
- ☐ 19 Développez votre capacité à vous projeter
- ☐ 20 Informez-vous à froid des bonnes méthodes de gestion des difficultés
- ☐ 21 Ne vous attachez pas trop à des éléments matériels
- ☐ 22 Vivez toujours avec des alternatives professionnelles et personnelles
- ☐ 23 Identifiez votre niveau de résilience
- ☐ 24 Identifiez les signes du basculement dans une situation où l'échec est inéluctable
- ☐ 25 Modifiez votre grille d'analyse des parties prenantes
- ☐ 26 Cloisonnez la vie professionnelle et la vie personnelle
- ☐ 27 Méfiez-vous de l'escalade de votre engagement
- ☐ 28 Prenez garde au trou sans fond
- ☐ 29 Dans les séparations humaines forcées, faites-vous accompagner
- ☐ 30 Recherchez des petites victoires
- ☐ 31 Donnez-vous régulièrement des occasions de rire et de faire la fête
- ☐ 32 Réévaluez régulièrement vos motivations pour déterminer si vous avez encore envie de votre vie actuelle
- ☐ 33 Si l'échec est définitif, faites un travail actif de digestion

ANNEXE 2 :
FAILLITE, BURN-OUT, THESE, CREDIR ET MANDELA

En juin 2013, le CREDIR a vu le jour. C'est une Organisation Non Gouvernementale dotée d'un centre d'entrainement pour les professionnels situé près de Colmar en Alsace. Ce centre a d'abord accueilli des dirigeants et des collaborateurs d'entreprises, puis tous les métiers (médecins, avocats, journalistes, agriculteurs, etc.). Ils sont en général en transition professionnelle et/ou personnelle, en emploi ou en recherche d'emploi. CREDIR évoque les racines latines du verbe croire (« credere ») pour reprendre confiance en soi.

L'équipe d'animation du CREDIR, constituée de pairs dirigeants en activité et d'experts multidisciplinaires[27], vit des moments humains exceptionnels en observant les transformations des participants aux stages de trois jours qu'elle organise. Souvent fatigués physiquement et psychiquement à leur arrivée, les stagiaires repartent en ayant fait le plein d'énergie bienveillante, avec des idées clarifiées, et des motivations retrouvées. Au-delà de l'analyse de satisfaction effectuée pour chaque atelier auquel ils ont participé, il suffit d'observer en fin de stage les sourires des participants pour constater des transformations étonnantes qui semblent durables dans de nombreux cas.

Ce projet de centre était évoqué dans les conclusions de ma thèse à l'Université Paris Dauphine. La collecte d'informations sur le terrain a été faite notamment grâce à quatorze récits de vie auprès de dirigeants d'entreprise en difficulté. Dès le premier récit, le chef d'entreprise interviewé m'avait beaucoup surpris en se livrant facilement, et en me révélant que cet exercice lui avait fait beaucoup de bien.

J'étais en parité avec ces dirigeants : une vingtaine d'années de carrière professionnelle, dans des grandes entreprises puis à la tête d'une petite entreprise rachetée en 2003, une faillite puis un burnout sévère à la fin du parcours...

Ce fut difficile de reprendre des études à quarante-cinq ans, de cumu-

---

27 Médecins, collaborateurs salariés, consultants, universitaires, coaches, coaches sportifs, avocats, experts-comptables, administrateurs judiciaires, etc.

ler des engagements professionnels avec ce travail de recherche pendant plusieurs années, et d'accoucher d'un document de cinq cent vingt pages pour convaincre des universitaires aguerris que mes recherches méritaient le qualificatif d'académique et de scientifique.

Dans la mesure où ce travail de recherche a donné naissance au CREDIR, ce terme d'accouchement n'est pas trivial et paraît justifié.

La thèse est intitulée « Les histoires méconnues des chefs d'entreprise en difficulté : à la recherche des facteurs clés de succès dans l'échec ». Ce travail de recherche a été publié à compte d'auteur, avec un tirage réduit[28].

Ces pages de thèse, les conférences que je donne, les rencontres avec des stagiaires, génèrent un intérêt et des émotions que je n'aurais jamais soupçonnés. Les témoignages reçus ensuite ne viennent pas que d'individus qui partagent des aventures professionnelles. Il est fréquent d'entendre parler de résonances émotionnelles liées à la perte d'un être cher, à une séparation, à une situation de handicap, etc. Certains messages découlant de ces recherches concerneraient donc une population plus large que celle des chefs d'entreprise.

Il est important, au passage, de rappeler qu'il y a beaucoup plus de chefs d'entreprise que ce qu'on imagine : des indépendants qui travaillent seuls, agriculteurs ou artisans, aux présidents des quarante plus grosses entreprises qui sont cotées en Bourse. Leur nombre dépasse largement cinquante pour cent du nombre de fonctionnaires ou d'ouvriers. Beaucoup se versent un salaire net, quand toutes les charges ont été couvertes, qui peut être en dessous du salaire minimum de l'ouvrier ou du fonctionnaire. Seuls changent l'horaire de travail et le véritable patron. Le petit chef d'entreprise peut ainsi travailler cinquante à soixante-dix heures par semaine, qu'il soit chauffeur de taxi ou agriculteur. Et sa vie de patron, c'est souvent le stress de la fin du mois où il reste peu de moyens dans les caisses pour se verser une rémunération décente.

Les références à des dirigeants d'entreprises, fréquentes dans ce livre, ne doivent donc pas ancrer en vous l'image du grand patron avec son chauffeur ou son avion privé. Mais vous pouvez penser à tous ceux que vous croisez au quotidien, votre fleuriste, votre plombier, votre imprimeur ou votre garagiste. Ce sont simplement des professionnels très impliqués

28 La Compagnie Littéraire-Brédys (Janvier 2013)

dans leur métier qui ont choisi de l'exercer dans une forme qui n'est pas celle du salariat. En plus, ils ne l'ont pas toujours choisi. C'est parfois la seule solution pour avoir du travail qu'on aime, là où on veut.

Le matin du 5 décembre 2013, je peaufinais la préparation d'un atelier de formation du CREDIR pour des professionnels d'entreprise en transition. La présentation se concentrait sur la question suivante : comment sortir de la « petite prison » par des «petites victoires » ?

C'était un matin classique pour le lève-tôt que je suis, installé après le petit-déjeuner devant une chaîne d'informations continues, avec l'ordinateur portable sur les genoux, et la présentation en cours de finition...

Même si cela faisait des mois que cet évènement se profilait, ce fut un choc pour un grand admirateur : Nelson Mandela était mort dans la nuit.

Cette triste nouvelle provoqua nombre de décharges émotionnelles : chair de poule, combinée à l'effet suave du café qui réveille l'organisme.

La tristesse et le bien-être se mélangeaient.

Quelle chance d'avoir vécu quelques étapes de la vie de cet homme exceptionnel ! Les appels urgents pour sa libération recopiés pendant mon adolescence à la fin des années 1970. Les discussions avec des afrikaners réfugiés en Australie au milieu des années 1980. Ils étaient persuadés et ils m'avaient persuadé qu'une révolution très violente était en préparation en Afrique du Sud. Les images en direct de la sortie de la prison de Robben Island. Pas de violences massives. Pas de règlements de compte. Tant d'étapes, où ce grand homme a transmis sa force de paix pour calmer les violences de son pays ou du monde.

Deux disques sont en bonne place dans ma vidéothèque. Je les visionne souvent dans les moments de doutes ou de spleen.

Invictus est un film magnifique qui contient tout de ce qui peut me faire vibrer positivement dans les moments difficiles : l'engagement sportif collectif, le chemin politique ardu, mais réussi grâce à une force pacifique qui déplace les montagnes, etc. Une rapide recherche internet me permet de relire le poème Invictus qui a inspiré Nelson Mandela, et qui me donne immédiatement l'envie de reprendre la plume.

« Aussi étroit que soit le chemin,
Bien qu'on m'accuse et qu'on me blâme;
Je suis le maître de mon destin,
Je suis le capitaine de mon âme. »

Le second disque est l'enregistrement d'un des concerts « 46664 » [29] qui furent organisés par Nelson Mandela et sa fondation pour collecter des fonds pour lutter contre le Sida. Y figure une série de chanteurs et de musiciens très divers qui ont rythmé mes goûts musicaux au fil des années. Peter Gabriel et sa chanson Biko, un militant noir assassiné par le régime d'apartheid. Johnny Clegg qui transportait ses auditeurs du monde entier dans l'Afrique du Sud opprimée au début des années 1980. 46664 était le matricule du prisonnier Mandela. Je pourrais citer tous les autres, mais cela prendrait plus de temps que les « seven seconds » de Youssou N'Dour, lui aussi présent, évidemment. Je pourrais vous ennuyer si vous ne partagez ces goûts musicaux.

Sur le moment, mon esprit ne peut malheureusement pas continuer ces vagabondages du petit matin. Il est temps de mettre la touche finale à cette présentation pour le stage CREDIR : elle commence traditionnellement par l'illustration de la petite prison qui conduit à l'enfermement face à l'échec ou à la peur de l'inconnu. Mais cette fois-là, et systématiquement depuis, l'évocation de nos petites prisons est mise en perspective de l'effet de la grande prison sur l'homme Nelson Mandela.

Au-delà de la touche d'actualité de ce matin du 5 décembre 2013, le déclic de l'écriture vient de m'être donné par Nelson Mandela. Quelle belle référence de prison et de victoires pour des personnes en transition ! Voilà enfin l'inspiration et la motivation pour transformer une thèse universitaire en un opus plus accessible à tous. Ce fut un vrai déclic car depuis 2013 j'ai écrit quatre livres et rédigé des chapitres dans deux autres livres collectifs. Hormis la thèse, vous avez en main le septième livre.

Un homme exceptionnel a pu transformer vingt-sept années de prison en une étonnante capacité de rebond pacifique pour façonner l'histoire. Nelson Mandela est un modèle pour l'individu vivant des hauts et des bas qui peuvent complètement désarçonner. Sa force a été notamment construite à partir d'une méditation sur l'invincibilité face à l'adversité dans les vers du poème Invictus.

---

29 Le premier concert date du 29 novembre 2003 au Cap, en Afrique du Sud. Il y en eut plusieurs après, y compris en Europe.

ANNEXE 3 : LES TRAVAUX DE RECHERCHE ET DE PUBLICATION DES ÉQUIPES DU CREDIR

La pierre angulaire du CREDIR est la méthode du récit de vie, une technique d'entretiens individuels initialement développée par des sociologues. Nous l'utilisons suivant des modalités particulières et innovantes. Un individu en transition raconte pendant plusieurs heures sa vie professionnelle en respectant scrupuleusement la chronologie. Le récit est effectué en une seule fois. Il déborde souvent sur des aspects personnels. Il est enregistré, retranscrit, et commenté avec la personne qui reçoit ce récit. Cet interviewer est en double parité avec l'interviewé. Ces deux personnes partagent des métiers proches et des trajectoires faites de succès et d'échecs.

Le récit de vie permet ainsi de prendre conscience que la vie est faite de hauts et de bas, et que chacun a porté de belles réalisations dans le passé. Les succès et les rebonds antérieurs sont en effet facilement oubliés ou minimisés quand on traverse une phase difficile...

Sept ans après la création du CREDIR, nous avons accumulé plus de quarante mille pages de transcription d'interviews. Nous avons acquis des compétences reconnues en matière de recherche qualitative « evidence based [30] ». Nous partons d'une feuille blanche et nous faisons parler nos interlocuteurs. Nous ne leur posons pas des questions type. Nous les poussons à décrire leurs vies et, souvent, au cours de ces entretiens de plusieurs heures, apparaissent des réalités qui étaient enfouies dans leurs mémoires et qui n'étaient plus conscientes. Avec ces petites révélations, nous procédons à un travail d'analyse interdisciplinaire qui permet d'expliciter la situation ou de révéler des réalités et des liens insoupçonnés.

Nous ne comptons plus les concepts que nous avons initiés grâce à ces processus de recherche qualitative. On les retrouve dans les livres qui ont été publiés.

30 Le chercheur part de l'observation d'un terrain de recherche sans a priori, comme s'il repartait d'une page blanche et sans reprendre d'anciennes recherches. On parle aussi « d 'Evidence Based Medicine ».

Ne vous tuez plus au travail ! À la recherche du bon équilibre.[31]

Coécrit par une équipe d'intervenants au CREDIR, notamment des médecins, ce livre inventorie toutes les situations qui peuvent conduire à perdre sa vie à cause de son travail et qui ont été entendues pendant les récits de vie. Mais ce n'est pas qu'un inventaire, c'est aussi une mine de solutions pour prévenir les situations qui pourraient mettre la vie en péril dans l'exercice professionnel.

#QVG. À la recherche de la Qualité de Vie Globale.[32]

Ecrit à quatre mains avec Jean-Christophe Anna, un expert des ressources humaines et des réseaux sociaux, ce livre souligne que la Qualité de Vie au Travail (QVT) ne suffit plus : il faut passer à la Qualité de Vie Globale (QVG) qui englobe, ouvre la QVT, la santé et la qualité de vie hors travail (QVHT). Là aussi, ce sont les entretiens avec les stagiaires du CREDIR qui ont permis de prendre conscience que des professionnels pouvaient flancher dans des organisations où beaucoup est fait malgré tout pour une bonne QVT. Il faut donc ajouter d'autres facteurs déterminants de la qualité ou de la non-qualité de vie.

Burn-out : les 6 ras-le-bol. [33]

Un burn-out exclusivement professionnel, cela n'a jamais été observé parmi les nombreux stagiaires du CREDIR touchés par cette vraie maladie. Redéfinir et prévenir le burn-out est devenu possible avec la pédagogie de la Qualité de Vie Globale.

Ces méthodes de recherche qualitative font donc émerger une quantité très importante de réalités peu connues et peu décrites par la littérature scientifique ou par les médias. Ainsi, à travers les cas de plusieurs stagiaires atteints du syndrome d'Asperger, nous avons mis en évidence qu'il est important de faire son coming out dans son milieu professionnel. Avec un cerveau qui fonctionne différemment, il est important que les proches comprennent le mode d'emploi.

La recherche qualitative est parfois dévalorisée par des adeptes de re-

31 Budin, J.-D. (2017). Ne vous tuez plus au travail ! À la recherche du bon équilibre. Alisio.

32 Budin, J.-D., & Anna, J.-C. (2018). #QVG. À la recherche de la Qualité de Vie Globale. I.D. L'Edition.

33 Budin, J.-D. (2020). Burn-out : les 6 ras-le-bol. I.D. l'Édition.

cherches quantitatives, à grand renfort de grands échantillons, de modèles statistiques et d'informatique. Mais ils ont tort, car les résultats d'une recherche qualitative, par exemple sur un nombre réduit de récits très longs, sont scientifiquement aussi valables[34]. Ces méthodes permettent de faire émerger des réalités inconnues jusqu'alors.

Pour analyser ces réalités également sur le plan quantitatif, la pandémie de 2020 a conduit le CREDIR à lancer un Observatoire qui conduit des enquêtes pour évaluer des tendances ressenties dans les entretiens menés durant les stages ou dans les entreprises.

Les résultats de la première enquête conduite par l'Observatoire début mai 2020 sont édifiants :

- 38 % des répondants disent travailler plus depuis le début de la crise (à 81 % pour des problématiques COVID)
- 46 % sont connectés plus de 4 heures par jour (29 % plus de 6 heures)
- Seuls 13 % des répondants n'ont aucun problème de sommeil
- Seuls 13 % des répondants n'ont aucun problème de mémoire
- 62 % ont des difficultés de concentration

La fatigue induite par la pandémie de 2020 est très importante. Cette crise va être longue. C'est aussi souvent le cas pour des transitions individuelles. Il va falloir prévenir les cas d'épuisement qui peuvent déboucher sur de graves problèmes de santé physique, sur des erreurs cognitives, sur des burn-outs ou sur des dépressions.

Dans ces moments-là on peut sauver des vies.

De jeunes professionnels de santé sont morts du coronavirus parce qu'ils ont été infectés à un moment où ils étaient épuisés et victimes d'une immunité affaiblie.

Des professionnels ont « pété un câble » parce que leurs conditions de vies personnelles et/ou professionnelles étaient insupportables. Cette expression choquera peut-être certains lecteurs, mais elle est très parlante, notamment pour quelqu'un qui a travaillé une quinzaine d'années dans l'industrie des câbles électriques... L'épuisement conduit à des dysfonctionnements des connexions neuronales dans le cerveau. Les si-

34 Travaux conduits à l'Université de Stanford sur le principe de saturation : Kathleen M. Eisenhardt et Melissa E. Graebner, 'Theory Building From Cases : Opportunities And Challenges', Academy of Management Journal, 50.1 (2007), 25–32

gnaux électriques sont mal transmis. Les conséquences peuvent être extrêmes car certains peuvent mettre fin soudainement à leurs jours, sans préparation, par exemple en voiture.

En ces temps de crise la survie, pour certains, va passer par des aides et des soutiens sociaux. Nous avons été témoins au CREDIR de parcours qui conduisent des cadres du chômage à la survie dans la rue.

Des vies d'entreprises en danger de mort seront sauvées si, et seulement si, leurs équipes se trouvent en possession des moyens intellectuels et de l'énergie physique qui permettront d'identifier les facteurs clés de la pérennisation.

Notre fierté est notamment d'avoir construit avec le CREDIR une organisation qui renouvelle en permanence sa pédagogie en fonction de ses observations quotidiennes du terrain, et des apports scientifiques de ces experts interdisciplinaires.

Suivez nos actualités sur www.credir.org, et sur les réseaux sociaux.

REMERCIEMENTS

Pour lire ce livre, fruit d'une tranche de vie d'une dizaine d'années, il a fallu l'existence conjointe de quatre groupes de personnes.

Les médecins du corps et de l'entreprise : un généraliste et deux spécialistes. Merci à Patrick, Benoît et Claude-Maxime[35]. Sans vous, je ne serais plus là.

Les proches de la famille et des cercles de copains. Merci à Pascale pour sa présence personnelle et professionnelle, et à Matthieu qui a relu ce texte. L'aventure CREDIR génère pas mal de yoyos émotionnels. Comme il est rassurant de savoir que les proches et les amis de quarante et vingt ans sont toujours présents.

Les transmetteurs de savoir. Tout ceci n'existerait pas si je n'avais pas retrouvé le chemin de l'université à quarante-cinq ans. Merci à Géraldine, à Pierre, à Bob et à Kathleen[36]. Vous m'avez appris à recueillir des récits de vies et à les analyser scientifiquement.

L'équipe du CREDIR. Elle comprend aussi bien tous les intervenants et animateurs qui ont rejoint cette aventure, que les centaines de professionnels qui ont partagé des tranches de vie et permis de construire des outils pédagogiques pour mieux prévenir l'épuisement des humains. Je citerai les deux plus anciens, Patrick et Dominique, et l'une des plus récentes, qui a joué un rôle important dans l'existence de ce livre, Céline[37].

Merci mille fois pour le chemin passé, présent et futur. Il nous reste tant à faire.

35 Dr. Patrick Muller, Dr. Benoît Gillain, Maître Claude-Maxime Weil

36 Pr. Géraldine Schmidt, Pr. Pierre Romelaer, Pr. Robert Atkinson, Pr. Kathleen M. Eisenhardt

37 Patrick Behra, Dominique Brunissen, Dr. Céline Ramdani.

L'AUTEUR

Jean-Denis BUDIN préside le think tank (laboratoire d'idées) CREDIR Research Institute. Ses travaux de recherche sont à l'origine de la fondation de l'ONG CREDIR. Après une carrière bien remplie de dirigeant d'entreprises, un burn-out en 2008 va changer le cours de sa vie. Après une difficile convalescence avec les soucis du chômage, il obtient une thèse EDBA à l'Université Paris Dauphine. Il initie le centre CREDIR avec Benoît Gillain, psychiatre à Bruxelles.

Le **CREDIR** accueille depuis 2013 des professionnels en épuisement ou en burn-out. L'équipe interdisciplinaire qui comporte nombre de médecins a maintenant une expérience pratique de ces situations. Elle continue le travail de recherche, sur la base des quarante mille pages de transcriptions d'interviews déjà accumulées. En 2017, ils ont mis au point le concept de Qualité de Vie Globale. L'équipe du CREDIR propose dans ce livre trente-trois facteurs clés pour rebondir après une phase difficile individuelle ou une crise collective telle que la pandémie de 2020.

Du même auteur :

- Budin, J.-D. (2012). A la recherche des facteurs clés de succès dans l'échec : Les histoires méconnues des chefs d'entreprise en difficulté. La Compagnie Littéraire-Brédys.
- Budin, J.-D. (2015). Credir Invictus. La Compagnie Littéraire-Brédys.
- Budin, J.-D. (2017). Ne vous tuez plus au travail ! À la recherche du bon équilibre. Alisio.
- Budin, J.-D., & Anna, J.-C. (2018). #QVG. A la recherche de la Qualité de Vie Globale. I.D. l'Édition.
- Budin, J.-D. (2020). Burn-out : les 6 ras-le-bol. I.D. l'Édition.

Participations à des livres collectifs :

- Laubie, R., & Wattier, P. (2017). Dirigeants : Le défi de l'engagement (Le Cercle du Leadership). l'Archipel. Rédaction de la 1ère partie : les paradoxes dans l'engagement du dirigeant.
- Romelaer, P., & Garreau, L. (2019). Méthodes de recherche qualitatives innovantes. Economica. Rédaction du chapitre 8 : les entretiens avec les pairs, les états de pairs et les récits de vie.

I.D. l'Édition
9, rue des Artisans
67210 Bernardswiller

Tél. : 03 88 34 22 00
info@id-edition.com

www.id-edition.com

Imprimé en UE - août 2020
Dépôt légal - septembre 2020
ISBN : 978-2-36701-209-4